CALAIS MON AMOUR

Ancienne aide-soignante reconvertie dans la formation pour adultes, Béatrice Huret vit dans la périphérie de Calais avec son fils et sa mère. Elle a été placée sous contrôle judiciaire et fichée S pour « aide à l'entrée, à la circulation ou au séjour irrégulier d'un étranger en France en bande organisée ». Elle attend la date de son procès.

BÉATRICE HURET

AVEC CATHERINE SIGURET

Calais mon amour

TÉMOIGNAGE

KERO

ISBN : 978-2-253-00948-1 – 1re publication LGF

Jusqu'à ma rencontre avec Mokhtar, ma vie ressemblait à celle de beaucoup de femmes : un métier qui me plaisait, un grand fils que j'élevais seule, des amis, un toit sous lequel je me sentais bien. Je n'avais jamais eu aucun goût pour les amours d'un soir. Je ne cherchais pas davantage l'amour de ma vie qui me semblait derrière moi : le père de mon fils, décédé après vingt ans de vie commune. Je votais Front national, rien d'anormal pour une habitante du Nord-Pas-de-Calais ; pas vraiment raciste, mais franchement inquiète : tous ces étrangers, si différents, qui déferlaient sur la France… D'eux, je ne savais rien. La « jungle » de Calais se trouvait à trente kilomètres, mais que serais-je allée y faire ? Je plaignais ces « pauvres gens », de loin, en regardant la télé, en me demandant ce qu'ils venaient faire chez nous, quand même, quelle idée !

J'étais la dernière personne au monde à pouvoir se retrouver un jour en garde à vue. La dernière personne à pouvoir écoper d'une fiche S. La dernière personne à pouvoir être placée sous contrôle judiciaire pour « Aide à l'entrée, à la circulation ou au séjour irrégulier d'un étranger en France en bande organisée ». J'étais la dernière personne à pouvoir me trouver, au petit matin d'un jour de juin 2016, sur la grève d'une plage du Pas-de-Calais, en train de serrer dans mes bras un migrant iranien, avec la force d'une naufragée. Jusqu'à ma rencontre avec Mokhtar, et tant d'autres migrants, je ne mesurais pas ce qu'il fallait de courage, de force, de dignité, pour arriver du bout du monde jusqu'à nous. Arriver avec rien. Avec personne. Complètement seul. Mokhtar m'a rendu le goût de l'amour oublié, mais il m'a donné plus précieux encore, le goût de la vérité. Celui que je n'avais jamais connu et que j'ai envie de partager.

Chapitre un

Le jour où la vie bascule, rien n'annonce jamais une journée particulière. Le matin ressemble à tous les autres matins, on accomplit les mêmes gestes, machinalement, et, quand on revient le soir, la vie est à jamais changée. Pour le meilleur ou pour le pire.

Ce mercredi 2 mars 2016, je me suis réveillée tranquillement parce que j'étais en congé, à grand renfort de café et de cigarettes, le nez au-dessus de mon ordinateur comme d'habitude. Chaque matin, j'ouvrais Facebook, je lisais des articles de journaux à droite à gauche, des blogs de gens qui aidaient à la jungle de Calais, située à trente kilomètres de mon village de campagne, Wierre-Effroy. Ma mère, toujours aux petits soins, trottinait autour de la table de la salle à manger en me resservant du café, une part de gâteau, des fruits, des crêpes… On ne la refera pas, l'ancienne cuisinière de collectivités ! À soixante-seize ans, elle continue à s'affairer dans la cuisine comme si on était dix à table, alors que nous ne sommes que trois avec mon fils Florian, dix-huit ans. Du moins la plupart du temps, car j'invite beaucoup. C'est une maison où il fait si bon vivre que j'y suis revenue dès mon veuvage en 2010, pensant qu'il n'y avait pas meilleur endroit pour un nouveau départ que les lieux de mon enfance. Elle est cachée dans l'un des rares endroits vallonnés de la région, un peu à l'écart du village. Fenêtres et portes-fenêtres à petits carreaux ouvrent largement sur la campagne et sur un petit bois. Au premier étage, il y a ma chambre et celle de Florian, en bas, celle de ma mère, qui jouxte un grand salon-salle à manger accolé aussi à sa chère cuisine. Au sous-sol, une pièce immense, en rez-de-jardin, donne sur l'arrière de la maison du fait d'un dénivelé. Elle sert de débarras, si besoin de chambre d'appoint, et se trouve être un lieu idéal pour les soirées karaoké ou feu de bois. C'est une maison pleine de vie. Mes amis deviennent vite ceux de ma mère, discrète et sympa. Tellement discrète et sympa que, ce matin-là, elle me laisse me réveiller doucement sans trop chercher à me faire la conversation. Elle s'est bornée à demander, comme souvent :

— Quoi de neuf ?

J'ai haussé les épaules.

— La merde à la jungle, comme d'hab.

— Tu y vas à quelle heure ?

La question n'était plus de savoir « si » j'allais à la jungle. Il allait de soi que c'était tous les jours quand j'étais en congé, presque tous les soirs après le travail le reste du temps.

— Maintenant. Je vais y aller.

J'ai embrassé ma mère et je suis partie, avec un ou deux sacs de fringues que je récupérais tout au long de l'année et que je distribuais progressivement.

Il était dans les 11 heures du matin quand je suis arrivée à la Belgium Kitchen, un point de distribution de repas, tenu par une association caritative belge. J'épluchais, je coupais, je lavais, je rangeais, deux ou trois heures, parfois davantage, selon les besoins. J'y avais mes habitudes, comme Ingrid, une autre bénévole. En arrivant, je lui ai trouvé la mine sombre. Elle s'apprêtait à partir et m'a entraînée en m'expliquant d'un ton grave :

— Viens, on va voir les Iraniens, ils se sont cousu la bouche hier…

— Cousu… la bouche ? C'est quoi, ces conneries ?

J'ai porté une main à mes lèvres. Écarquillé les yeux.

— Oui, ils se sont cousu la bouche ! En signe de protestation contre les conditions de vie depuis le démantèlement de la zone sud, les gens qui s'empilent, la violence avec laquelle ça s'est passé, tout ça…

Je n'avais jamais entendu une chose pareille. Je ne savais même pas que c'était possible. Avant même de les voir, j'avais les larmes aux yeux.

Dès que je suis entrée, je l'ai vu : Mokhtar.

Des migrants, en un an de bénévolat à la jungle, j'en avais croisé des milliers. Des beaux, des gentils, des qui vous abordent, des qui vous draguent, des qui tentent le coup : « Bonjour ! Tu m'emmènes chez toi ? » Je ne me sentais pas vraiment concernée, par l'amour en général et avec un migrant de la jungle encore moins. Il me semblait que ce n'était ni le lieu ni le moment. Je n'imaginais même pas que la chose puisse exister. Je savais, depuis le temps, dégainer la réponse qui clouait les becs : « Désolée, mais je suis mariée. Mon mari ne sera pas d'accord ! » Ils respectaient beaucoup la famille, le mariage, on ne nous embêtait jamais très longtemps.

Mais Mokhtar ne m'a pas abordée. Forcément : il faisait partie des neuf « bouches cousues », comme on les appellerait plus tard. Je suis juste « tombée » dans son regard. Nos yeux se sont croisés tout de suite. J'ai eu un flash, la véritable impression d'un coup de foudre, une sensation physique, le corps pris. Ce n'est pas qu'il était beau – quoique si, il est super beau ! Mais je m'en fiche de la beauté. Ce n'est pas ça qui m'a prise aux tripes. Ce qui m'a aimantée, c'est son regard, la douceur de son regard. Cette émotion a vite été occultée par la situation, ces Iraniens rassemblés au « Point infos », où je n'étais jamais entrée. C'est là qu'on expliquait habituellement aux nouveaux arrivants le fonctionnement pratique de la jungle : où manger, dormir, se renseigner sur ses droits. C'était un endroit stratégique pour attirer l'attention des associations comme des médias. Les Iraniens, âgés de vingt à quarante ans à première vue, étaient alignés, assis les uns à côté des autres. La bouche cousue, donc. Pas regardables.

J'ai serré la main des neuf mecs à la queue leu leu, comme on serre la main de chaque membre de la famille du défunt en partageant son affliction un jour d'enterrement. Au bout de la rangée se tenait d'ailleurs Joannes, le prêtre de la jungle. Je trouvais le geste bien aimable de sa part : d'autant que, dans mon esprit, tout Iranien était musulman.

J'étais tellement estomaquée par leur acte que je me suis laissée choir sur une chaise en face d'eux, comme un zombie. Je regardais par terre pour ne plus les voir et ne pas croiser le regard si troublant de cet homme d'une trentaine d'années, dont j'ignorais encore le prénom. Mais, par hasard, c'est lui qui s'est levé pour aller me faire un thé. Quand il m'a tendu la tasse, j'ai murmuré « *thank you* ». Malgré les fils, il m'a dit trois mots en anglais, que je n'ai pas compris, maîtrisant trop mal la langue. Alors, il est parti se rasseoir, avec cette douceur qui le caractérise, la démarche d'un chat. Je me suis réchauffé les mains à la chaleur de ma tasse de thé, chassant de mon esprit cet instant de trouble qui me ressemblait si peu, les yeux rivés à terre, revenue pour ainsi dire à moi-même, c'est-à-dire à eux. À cette désolation. Mes larmes ont commencé à couler. Je gardais le visage baissé pour qu'ils ne me voient pas pleurer. Comment pouvait-on en arriver là ?

On ne peut pas dire que cet acte soit une « coutume » nationale, mais les Iraniens ont imité le geste des détenus politiques, des gens harcelés ou en danger dans un pays gouverné par les ayatollahs. C'est une façon spectaculaire et médiatique de crier :

« On n'a pas le droit de l'ouvrir ? On obéit ! » Par la même occasion, c'est une grève de la faim imposée, le procédé leur permettant tout juste de s'hydrater avec une paille. Des réfugiés iraniens l'avaient déjà fait en Grèce pour protester contre leurs conditions de vie dans un camp insalubre. Bien sûr, cela peut sembler barbare. Mais ils ne font finalement qu'illustrer par les actes notre dicton bien français « motus et bouche cousue » ! C'est un autre Iranien qui s'était dévoué pour mener à bien cette opération très douloureuse.

Je n'avais qu'une hâte, c'était de foutre le camp. Sortir de cet endroit. Aller prendre l'air seule, marcher, sans retenir mes sanglots. En face, Ingrid s'était assise près de l'un d'eux, Dara. Elle lui tapotait les mains affectueusement. Je suis sortie marcher dehors, au bout d'un laps de temps assez décent pour ne pas avoir l'air de m'enfuir lâchement. Mokhtar m'a raconté la suite, en anglais : à la seconde où j'ai franchi la porte, il s'était dit : « *Shit ! Who is that girl ?* »

Dès que j'ai eu le dos tourné, Mokhtar a innocemment demandé à Ingrid :

— C'est qui cette fille ? On ne l'a jamais vue…

Ingrid a répondu, évasive :

— Oui ? Ah non, c'est vrai… Elle aide à la Belgium Kitchen.

— Ah… Mais on ne la voit jamais ?

Elle lui a répondu cette chose extraordinaire – j'aurais du mal à en croire mes oreilles quand Mokhtar me la répéterait :

— Oh, tu sais, avec son mari, ses enfants… elle n'a pas beaucoup de temps !

« Le mari et les enfants » ! Ingrid savait bien que mon mari était mort, que je n'avais personne dans la vie et que mon fils était un grand ado.

J'ai dû marcher une demi-heure à travers la jungle, le temps de reprendre mes esprits. Je suis allée préparer le repas à la Belgium, comme d'habitude, mais je restais complètement sonnée. Tout le monde ne parlait que des Iraniens. Leur geste sidérait les gens, migrants et bénévoles. J'étais abattue et en colère : est-ce que cela allait suffire pour alerter les pouvoirs publics, les médias, les pousser à agir ? Après tout, peut-être que les Iraniens avaient fait le bon choix. Mais j'avais du mal à le croire : les Iraniens, les migrants, la jungle, on commençait à se faire à l'idée, tout le monde s'en foutait du moment qu'ils se tenaient tranquilles en crevant tout seuls dans leur coin !

En quittant les lieux, au milieu de l'après-midi, j'ai regardé le petit pont au-dessus du chemin des Dunes qui bordait la jungle, et je me suis dit : « Ce qu'il faudrait, c'est qu'une bonne Franco-Française fasse un geste spectaculaire ! Je pourrais me mettre la corde au cou au-dessus du pont, par exemple, et menacer de sauter si des mesures pour rendre le camp digne d'être habité ne sont pas prises. Parler aux journalistes depuis mon pont. Gueuler. »

J'ai roulé jusque chez moi, complètement obsédée tout le temps du trajet. Je me répétais : « Calme-toi.

Comment peux-tu les aider ? Sois pragmatique. » J'ai rassemblé mes esprits : « Voyons, qu'est-ce qu'ils peuvent bien avaler qui les maintienne en vie ? » Ils devaient pouvoir glisser une paille un peu large entre deux sutures, qui laisserait passer de la soupe, des compotes, du jus d'orange, ça leur ferait toujours du sucre... Alors, avant de rentrer, j'ai fait une halte au supermarché, j'ai rempli un gros sac de courses, et, une fois chez moi, je me suis précipitée vers ma mère, à qui je n'ai pas laissé le temps de dire un mot :

— Maman, les Iraniens, ils se sont cousu la bouche !

— Cousu la bouche ? C'est pas possible, elle a répondu, c'est pas possible !

Mon fils, qui a entendu, a déboulé à son tour.

— Mais c'est pas vrai, putain, c'est horrible !

Je leur ai raconté mon idée du pont. Ma mère a roulé des yeux noirs.

— Dis pas n'importe quoi, ça fera rien avancer du tout.

Mon fils a enchaîné en posant fermement les mains sur la table :

— Oui, c'est ça, et puis tu tombes sans faire exprès parce que t'as un malaise, ou tu glisses, t'es morte, et puis nous, on n'a pas l'air con, après !

Florian avait raison. Il avait déjà perdu son père, je ne pouvais pas être complètement irresponsable. N'empêche que cette idée m'obsédait tellement que le soir même, et durant des jours, au moindre passage à la maison d'un de mes amis, je ne pouvais m'empêcher de l'évoquer. Tous étaient catégoriques : « Béa, t'arrêtes ton cirque. Y a quand même des limites ! Et puis, ça servirait à rien. » J'ai laissé tomber, mais je ne pensais plus qu'à eux, les Iraniens. Je dis bien « eux ». Mon coup de cœur, je l'ai sorti de mon esprit parce que je suis rationnelle : « Ne délire pas. Ce type, c'est un migrant. Il a sa vie. Il part en Angleterre. Toi, la tienne. Et en plus il est beaucoup plus jeune que toi ! » Il avait trente-cinq ans, moi, quarante-quatre.

Tous les soirs après le travail, je faisais un crochet par le Point infos pour soutenir les Iraniens. J'apportais mes petites provisions, mais ils y touchaient de moins en moins. Leur appétit diminuait. Des membres de Médecins du monde passaient chaque jour évaluer leur état de santé. Les bénévoles et les institutionnels n'avaient qu'une hantise, c'est qu'ils fassent école, que leur geste dégénère en épidémie de bouches cousues. La situation serait devenue ingérable. J'échangeais avec eux seulement quelques « *hello* » et « *good luck* ». Mon anglais était vraiment trop mauvais.

J'ai appris qu'ils étaient tous bien intégrés dans leur pays, mais qu'ils avaient fui à cause d'idées allant contre le pouvoir en place ou contre l'Islam d'État. Ils risquaient des poursuites, voire la mort, dans leur pays. Je ne connaissais pas la motivation de chacun, ni même leurs prénoms ou professions. J'ai su après qu'Hossein était employé dans le lavage de voitures ; Ismaël, dans le domaine des travaux ;

Réza, prof de body-building ; Omide, gérant de bars à chicha ; Mahmoud, joaillier ; Dara, tatoueur – il avait une énorme couronne iranienne tatouée dans le cou, symbole du Shah d'Iran ; et Sassan, qui n'avait que dix-sept ans, l'âge de mon fils, était étudiant. Ce dernier était de plus en plus blême. Il était épuisé. On les laissait vivre et dormir au Point infos, à l'abri et au chaud. Toute la journée, des gens venaient leur tenir compagnie : le prêtre, des bénévoles, mais aussi beaucoup de militants anglais de mouvements des droits de l'homme. Parmi eux, des avocats tentaient de leur faire abandonner leur grève. Je me souviens plus particulièrement d'un bénévole, Simon. C'était un Anglais longiligne aux cheveux courts ondulés et roux, au look très british à la Hugh Grant quand il était hors de la jungle. Il s'était donné pour mission de rouler les cigarettes des bouches cousues. Évidemment, les Iraniens ne pouvaient plus humecter le papier, et une roulée bien fine pouvait se faufiler entre deux points de suture.

C'était là aussi qu'ils recevaient les journalistes anglais ou français qui défilaient en continu. La plupart des Iraniens témoignaient à visage masqué pour ne pas alarmer leur famille restée au pays, ou par peur des représailles. L'Iran demandait à récupérer ses ressortissants identifiés. L'extradition était leur hantise : ils savaient ce qui les attendait. Mokhtar était le plus exposé, étant donné qu'il acceptait de parler à visage découvert, et se trouvait très sollicité par les journalistes parce qu'il était le seul à maîtriser l'anglais. Il est un peu devenu leur « porte-parole ». Les bouches cousues ont fait la une des infos pendant trois jours, puis plus rien. On s'était habitués, ils pouvaient mourir tranquilles. Au bout de trois semaines, j'en étais malade.

Le prof de body-building, qui avait déjà perdu beaucoup de muscle dans la jungle, était complètement émacié. Tous avaient énormément maigri et commençaient à avoir le regard vide et le geste lent. Sassan, le petit jeune, était blanc comme un linge, à bout de forces. Il s'endormait dès qu'il s'asseyait sur une chaise. Il me faisait peur. J'ai été aide-soignante, je sais de quoi je parle. Après ma visite quotidienne aux Iraniens, j'allais aider à la Belgium pour préparer la distribution du soir. Mais je ne vivais plus. Il a fallu presque un mois de grève de la faim pour que l'État s'engage officiellement à réaménager la partie nord de la jungle, celle qui était en surpopulation depuis le démantèlement de la zone sud : les habitants n'étaient pas partis, ils s'étaient juste empilés ! Les pouvoirs publics promettaient de faciliter l'accès à l'eau potable et aux sanitaires, de renforcer l'assistance aux mineurs, plus vulnérables que jamais avec la promiscuité, et de paver un chemin pour permettre l'accès des secours d'urgence. Les « bouches cousues » ont estimé que c'était un bon départ et, le 25 mars, quand je suis arrivée devant le Legal Center (Centre juridique), Ingrid est venue vers moi, le visage éclairé d'un sourire :

— Les Iraniens se sont fait découdre la bouche !

J'ai éprouvé un immense soulagement. Je n'en dormais plus. C'est Mokhtar qui s'était occupé de l'opération, secondé par un bénévole de Médecins sans frontières. Mokhtar en garderait une petite marque indélébile au-dessus de la lèvre supérieure.

Je m'apprêtais à entrer dans la tente pour les féliciter quand Ingrid m'a retenue.

— Ils sont très fatigués, ils ne veulent voir personne. Ils ont reçu beaucoup de journalistes, tu sais, et ils sont encore faibles.

J'apprendrais plus tard qu'ils n'avaient jamais donné de telles consignes.

Les Iraniens ont recommencé à manger petit à petit, tout doucement, pour se réhabituer. Pour célébrer cette petite victoire, un Iranien solidaire a fait un barbecue juste devant. Tout le monde se remettait à respirer, se regardait avec bienveillance, un chouette moment. Nous avions vraiment eu peur.

Quelques jours plus tard, quand j'ai demandé des nouvelles des Iraniens à Ingrid, elle m'a répondu :

— Ils sont partis.

— Ah bon ?

— Oui, ils étaient pressés de partir d'ici. Ils avaient trop peur d'être renvoyés en Iran, avec la demande d'extradition…

— Mais ils sont passés en Angleterre ?

— Ils ne sont pas en Angleterre. Enfin… ils y vont. Mais pas direct.

— Ah, OK…

Je n'ai pas cherché à en savoir plus. Dans la jungle, on prend vite l'habitude de ne pas poser trop de questions. Surtout au sujet des passages clandestins. J'ai eu une pensée pour Mokhtar, très brève, un regret rapide comme un coup de vent : « Il était super, ce mec... » Et puis j'ai repris ma vie entre famille, travail et passages à la jungle.

Chapitre deux

Je n'aurais jamais dû aller à la jungle. Jamais de ma vie.

Tout avait commencé un an auparavant, en février 2015, un matin comme les autres, comme celui où je croiserais le regard de Mokhtar. Je me suis levée pour partir au travail alors qu'il faisait encore nuit, j'ai préparé le café au radar et ma mère est arrivée, emmitouflée dans sa robe de chambre. Je pouvais deviner au brouillard à travers les carreaux qu'il faisait froid, mais, comme il n'avait pas plu, je n'aurais pas de verglas sur la route, chose rare lors des rudes matins d'hiver du Pas-de-Calais. Je mesurais tous les jours depuis deux mois mon bonheur de travailler à une vingtaine de kilomètres seulement de mon village. J'étais en poste à Calais pour la première fois. L'année précédente, je devais me rendre tous les jours à Dunkerque : quatre-vingt-dix kilomètres de route aller et retour. Je n'ai jamais rechigné au travail, j'ai fait très jeune de l'intérim, dans la conserverie de poissons, avant de devenir aide-soignante de nuit dans une maison de retraite. Poste que j'ai occupé dix ans. Je me levais désormais avec l'énergie des gens qui commencent un nouveau métier, un véritable vent de jeunesse à quarante ans : j'étais devenue formatrice dans un organisme qui prépare en six mois une quinzaine d'élèves à travailler auprès de personnes âgées ou handicapées. J'ai toujours aimé aider, et j'appréciais le contact avec les élèves, essentiellement des femmes entre dix-huit et cinquante-cinq ans, qui se lançaient ou se relançaient sur le marché du travail. Leur parcours avait souvent été chaotique : divorce compliqué, violences conjugales ou jeunesse difficile.

J'avais bifurqué en remplaçant une formatrice qui me le proposait, au bluff, prétendant que je l'avais déjà fait, car j'étais sûre de ne pas démériter : on me demandait de parler de la maltraitance des personnes âgées, mon cheval de bataille. Quelques mois plus tard, j'étais prise en CDD. Je perdais la sécurité de l'emploi, mais je retrouvais la vraie vie ! Quand on travaille de nuit, on vit déphasé. Physiquement, j'étais à bout. Et j'avais envie d'une vie à moi, qui serve à autre chose qu'à dormir. Je refusais les balades, les sorties. Je devais planifier le moindre rendez-vous selon mes périodes de repos. Mais, en février 2015, je reprenais du poil de la bête ! Un métier que j'adorais, plus de longs trajets, l'avenir était à moi !

Comme tous les matins, le nez dans mes écrans, j'ai entendu ma mère me demander :

— Quoi de neuf, alors ?

— Bah, rien… Toujours la merde à la jungle, sinon, rien.

— Ah ! ces Kosovars… a soupiré ma mère.

— Arrête, c'est pas des Kosovars, je t'ai déjà expliqué !

Je ne savais rien de la jungle de Calais, rien de plus que ce qu'en racontaient les médias, soit assez pour corriger ma mère qui voyait des Kosovars partout. Pourquoi ? Les premiers migrants de Calais, presque vingt ans plus tôt, fuyaient la guerre du moment, celle du Kosovo en 1998. Depuis, la nationalité des migrants variait selon les pays en guerre, les régimes dictatoriaux ou les coups d'État : Érythréens, Soudanais, Afghans, plus rarement Iraniens et Syriens. Je ne suivais pas la politique étrangère, pas plus que maintenant. Je savais juste qu'ils voulaient tous gagner l'Angleterre et, dans ce but, convergeaient sur Calais, point de passage le plus court vers l'Angleterre, que ce soit en train, en camion ou en ferry. Mais pourquoi l'Angleterre ? C'était flou pour moi. Et je ne cherchais pas à y voir plus clair : quand on vous dit qu'il y a de la misère près de chez vous, est-ce que vous vous précipitez pour aller la regarder de plus près ?

Que serais-je allée faire à la jungle, ce bout de lande sablonneuse et reculée, au fin fond d'une zone industrielle, sans aucun commerce, à trois kilomètres du centre-ville, le long d'une étroite route qui ne mène nulle part ? Un no man's « lande », pourtant surpeuplé. Un millier, on disait à l'époque. Je lisais en diagonale *La Voix du Nord* et *Nord Littoral*, qui en parlaient quotidiennement : un jour pour décrire les tristes conditions de vie, le lendemain pour dénoncer les nuisances ; un jour pour raconter l'histoire d'un migrant, mais plus souvent pour relayer la plainte ou l'angoisse d'un Calaisien… J'écoutais aussi d'une oreille le sacro-saint JT de ma mère qui était scotchée devant, côté salon, pendant que j'étais devant l'ordinateur, côté salle à manger. Je prenais doucement conscience par les réseaux sociaux que les médias de grande écoute ne reflétaient pas bien le quotidien. Je découvrais que l'État, la région, le département, la mairie rechignaient à leur mettre des points d'eau ou à débarrasser les poubelles, des choses élémentaires. J'informais ma mère :

— Écoute ça, c'est terrible…

Et chaque fois, ma mère répondait :

— Tu crois ? Parce qu'à la télé…

— Arrête donc ton crincrin ! Ils racontent n'importe quoi !

Plus le temps passait, plus je mesurais l'écart. Au travail aussi, j'essayais de lutter contre les a priori. Un formateur de Calais m'avait dit :

— Tu as vu tous ces migrants…

— Difficile de ne pas les voir, on en croise partout dans les rues, et alors ?

— Ben, la délinquance, les risques… enfin…

— Il t'est déjà arrivé quelque chose, toi, avec un migrant ?

— Non, mais on sait jamais. Toi, tu t'en fous, t'habites pas Calais !

— Regarde Internet, quand même, informe-toi !

Les autres se taisaient, avant de me dire parfois en douce : « Nous, on est d'accord avec toi. » On sentait que le sujet devenait sensible, voire épidermique. À Calais, on l'a perçu avant tout le monde.

J'avais toujours fait ma part pour aider les autres, dans mon métier premièrement, mais aussi en étant très à l'écoute des gens. Je faisais de temps en temps des récoltes pour les Restos du cœur, une fois également pour l'association Salam, présente dans la jungle, parce que j'avais appris qu'ils cherchaient des produits d'hygiène. Je les avais croisés un jour à la sortie du supermarché et j'avais organisé une animation pour mobiliser les gens. Je leur avais remis un Caddie plein de brosses à dents, de dentifrices, de shampoings… C'était tout, mais on ne peut pas être partout. C'est avec cette idée qu'on s'en tire tous, sinon on ne dormirait plus.

Ce jour de février 2015, à 17 heures, j'ai quitté ma salle de cours, un petit préfabriqué à côté du bâtiment principal, près du centre-ville de Calais. Je me garais toujours devant, dans la rue. J'avais juste à cadenasser un portail bas en bois, fermé par une chaîne. J'étais en train de donner le dernier coup de clé quand j'ai vu un jeune gars, noir, de l'âge de mon fils, mineur, c'est sûr, se diriger vers moi. En anglais – une langue qu'il parlait mieux que moi qui ai arrêté l'école en troisième –, il m'a demandé :

— *The jungle, please ?*

— La jungle ?

Qu'est-ce que j'en savais, moi, où était la jungle ? Je voyais vaguement le coin, sans plus, mais je me suis lancée :

— *Left*, euh… *right*, *and you turn*, *and*… euh… tout droit. Compris ? Pas compris ?

Le garçon roulait des yeux ahuris. J'étais désespérée d'être aussi nulle, et puis on était quand même à quatre kilomètres. La nuit était tombée, il faisait un froid à ne pas mettre un chien dehors, la route n'était pas éclairée, et ce pauvre gosse, il était tellement jeune… Il se trouve que c'était un vendredi, le lendemain j'étais en week-end, il me semblait que je pouvais prendre le temps… J'ai fini par lui dire :

— OK… *It's cold*, froid. *I'm OK*, t'emmener, *with my car… but I don't know where is the jungle exactly*.

J'ai fait mine de me diriger vers ma voiture. Mais il n'avait pas l'air de suivre, dans aucun sens du terme. Il ne devait pas avoir l'habitude qu'on lui dise « *come* » dans le coin, où on hurlait plus souvent « dégage ». Je lui ai montré ma voiture du doigt :

— *Come*, je vais t'emmener ! Parce que sinon on va pas s'en sortir ! *Car ! My car !*

— Ah ? OK !

— *But you show me the road !*

— *Yes, yes ! OK ! I can !*

Je lui avais redonné le sourire. Un petit sourire.

Ce n'était pas la première fois que je prenais quelqu'un en stop, migrant ou non. J'ai commencé le jour où j'ai eu le permis. À l'époque, il n'y avait pas de Noirs qui faisaient du stop à Calais, ni plus généralement dans la région. La première fois que j'ai vu des Noirs dans mon Pas-de-Calais natal, j'avais huit ans. Des camarades de ma sœur aînée, qui étudiait le droit, avaient organisé une soirée africaine à la maison. J'avais vu cinquante Blacks débarquer d'un coup, en costard et chemise blanche immaculée ou en habit traditionnel. Je n'en étais pas revenue ! Puis j'ai épousé un flic de la police de l'air et des frontières, qui arrêtait des migrants et votait Front national, donc j'ai fait de même. Quand on n'y comprend rien, qu'on ne se penche pas sur le sujet, voter Front national, c'est rassurant. C'est voter pour que tout soit comme avant, au « bon vieux temps ». Un temps qui n'existe plus et qui est derrière nous, mais c'est pas grave. C'est ensuite, après la mort de mon mari, que j'ai commencé à réfléchir, à regarder la réalité différemment, à me dire que tout n'était peut-être pas si simple. J'ai arrêté d'avoir peur de l'inconnu, j'ai ouvert grand les yeux et les oreilles. Et j'ai donc pris en stop des basanés, des Blancs, des Noirs, sans faire de distinction, et avec de moins en moins d'a priori. Je n'ai jamais eu de problème avec des auto-stoppeurs. Et si cela m'arrive un jour, il y a plus de risques pour que ce soit avec un Français soûl qu'avec un migrant !

Le jeune est monté dans la voiture, un peu intimidé. J'ai essayé de faire la conversation : j'ai compris qu'il était soudanais, qu'il avait dix-sept ans. Et que, comme tout le monde, il voulait aller en Angleterre. En attendant de réussir son passage illégal, il habitait la jungle.

La jungle, je voyais où elle était parce qu'aucun habitant de la région n'avait pu manquer le feuilleton du déboisement des soixante-six hectares qui avait fait scandale. La zone, séparée de la mer par un reste de bois, se trouvait à l'est de la ville, le long de la pénétrante de l'A16, une rocade qui prolonge l'autoroute jusqu'au départ des ferrys situé à six kilomètres. Son vrai nom était la Lande, jusqu'à ce que les migrants la baptisent « jungle », un mot sanskrit qui signifie « bois ». Des migrants à Calais, il y en avait toujours eu, sur les communes limitrophes de l'ouest, près du tunnel sous la Manche. Il y avait eu Sangatte dans les années 1990 et Coquelles où se trouve l'entrée du tunnel, à côté du centre commercial Cité Europe. Mais à l'ouest, tout avait été pensé pour dissuader les migrants, avec de hauts grillages, bientôt doublés d'une seconde rangée. Un « boyau » sous la mer, c'est facile à surveiller. Toute tentative était condamnée à l'échec. Le seul migrant qui avait tenté l'aventure avait marché cinquante kilomètres le long des rails pour finir par se faire cueillir au bout par la police. Coquelles s'était équipé pour la répression immédiate : commissariat en rase campagne à proximité du tunnel, préfabriqués pour abriter les gardés à vue et les sans-papiers, salle d'audience pour les comparutions immédiates.

Le seul moyen pour passer en Angleterre était désormais le ferry, en se dissimulant dans le fret routier, de nuit avant le départ. Bien sûr, le fret des camions était contrôlé, mais il y avait toujours une chance de réussir. Aucun chargement n'était à l'abri : on a retrouvé des clandestins dans des silos de sucre, dans des armoires normandes de camions de déménagement, et même entre les parties mécaniques du véhicule, faute d'avoir pu entrer dedans. On découvrait régulièrement le cadavre de l'un d'eux écrasé par le poids de la marchandise ou broyé par les essieux. Les aires de repos, les stations-service le long du chemin, les parkings des entrepôts d'où s'effectuaient les départs, tout lieu où l'on trouvait des camions à l'arrêt était une cible potentielle pour les migrants. Avec un peu de chance, ce camion-là rejoignait l'Angleterre.

Quand j'ai découvert la jungle en cette fin de journée de février, il y avait déjà une zone tampon, défrichée et éclairée la nuit, entre le camp de migrants et la route, avec une muraille de grilles de deux ou trois mètres de haut. Bientôt, elles seraient doublées par une autre muraille de grilles, à cent mètres, elles-mêmes surmontées de barbelés garnis de lames de rasoir. Les migrants la contournaient pour atteindre la rocade, qui était devenue la nuit un véritable terrain d'affrontements. Projectiles sur la cabine des chauffeurs, dépose de troncs d'arbres ou de tout objet pouvant faire obstacle pour ralentir ou arrêter le camion et en profiter pour se cacher à bord. Certains migrants étaient parfois encouragés par des activistes bien français. Ils se jetaient même à corps perdu sur des poids lourds lancés à pleine vitesse, à l'assaut de la cabine comme on attaque une diligence, au péril de leur vie et de celles des routiers.

On lisait ça dans la presse en se demandant comment on pouvait en arriver là. C'est en y allant que j'ai compris.

Sur le bas-côté de la rue des Garennes, qui borde la jungle, des grappes de gens débordaient du trottoir sur la chaussée. Des dizaines. Portant de petits sacs à dos, des sacs-poubelle emplis de vêtements, des sacs de courses… l'un rapportait une chaise en paille défoncée trouvée sur un trottoir, un autre une vieille casserole tirée d'une poubelle. Ils se rangeaient à peine au passage de la voiture. J'étais la seule à rouler vers le no man's land, tandis que de rares voitures fuyaient dans l'autre sens, des employés des usines sans doute. Je me dévissais la tête pour regarder les gens, beaucoup d'hommes. C'étaient eux qui sortaient et se dévouaient pour les corvées de ravitaillement en ville, des jeunes, des vieux. Je m'étais toujours demandé où étaient les femmes ; je ne savais pas qu'elles et leurs enfants se tenaient à l'abri, en groupe, pour ne pas risquer d'être enrôlées par une mafia, qui les prostituerait entre autres. Ces gens, qui n'avaient pas plus de nom qu'ils n'avaient d'adresse, de papiers et parfois de famille sur place, qui se soucierait de leur absence, de leur disparition, et même de leur mort ? Mille pensées défilaient dans ma tête pendant que je roulais rue des Garennes, le souvenir de ces articles titrés « Un migrant renversé », quand ce n'était pas « écrasé » ou « retrouvé mort percuté ». Les faits divers avaient désormais un visage.

Mon jeune passager avait l'air de trouver ça normal. Il m'a indiqué la route sur la fin et m'a montré un petit pont qui surplombait la rue s'achevant en cul-de-sac dans le sable, et m'a lancé :

— *There ! There OK !*

Quand on passait au-dessous du pont, « décoré » de dessins aux couleurs vives et de messages d'espoir comme « FREEDOM » ou « PEACE », on découvrait un terrain vague entièrement parsemé de petites tentes, souvent recouvertes de bâches bleues. Des milliers de petits points bleus à perte de vue. Des toiles plastique tendues sur des bouts de bois, de petites cahutes faites de bric et de broc. Tout ça déjà plongé plus ou moins dans le noir, à de rares sources lumineuses près, générées par des groupes électrogènes. Et partout des gens qui grouillaient. Le jeune Soudanais est descendu.

— *Thank you ! Thank you !*

— De rien, *nothing*, j'ai répondu, hagarde face au spectacle.

Les mains crispées sur le volant, je regardais tous ces gens, habillés à l'européenne ou en djellaba, mais jamais assez chaudement, sans vrai manteau, sans bonnet ni gants. Je voyais la buée qui sortait de leur bouche, des mères avec dans les bras des bébés emmitouflés dans des couvertures, des gosses dépenaillés, des gens chaussés de baskets trouées ou de chaussures enveloppées dans des sacs-poubelle ! Ils pataugeaient dans la gadoue, s'affairant, allant d'un point à un autre, mais qu'est-ce qui les faisait agir ? Tenir debout ? Vivre ?

« Mon gars » s'était enfoncé dans la jungle. Je ne le reverrais jamais. Je suis partie. J'ai repris l'A16, direction Marquise, puis Wierre-Effroy. En roulant vers la maison, je me suis dit : « C'est pas possible ! On ne peut pas laisser les gens comme ça ! » Ça a été le déclic.

Je suis rentrée, je me suis attablée, et j'ai dit à ma mère, bouleversée :

— Maman, je suis passée à la jungle, c'est pas croyable…

— TU ES PASSÉE À LA JUNGLE ? Mais qu'est-ce qui t'a pris ?

Ma mère avait les yeux écarquillés d'épouvante rétrospective.

— Un gosse en stop, peu importe. Ce que j'ai vu, maman, tu peux pas imaginer…

— Mais enfin, le danger ! T'es complètement inconsciente !

— Arrête avec ça, il n'y a aucun danger, c'est pas la question. J'ai vu des gens sans chaussures, agglutinés dans de pauvres tentes qui tiennent avec des bouts de ficelle.

— Ah, c'est sûr, les pauvres…

— Y avait des gosses, des bébés, par ce froid ! T'imagines ? Des bébés !

— Ah bon ? À ce point ?

Ma mère n'en revenait pas.

— Et même des gens assis par terre, comme des chiens !

J'ai jeté un œil à Donna, notre labrador obèse, et à Dora, la petite shihtzu qui ne se porte pas mal non plus. J'ai corrigé :

— Un chien, c'est un mauvais exemple. Pire que des chiens ! Vaut mieux être un chien qu'un humain là-bas, c'est horrible ! Faut faire quelque chose. Et ça grouille de monde, t'as pas idée…

— Qu'est-ce que tu veux donc faire ? a laissé tomber ma mère avant de partir à la cuisine tourner le ragoût. Je sais pas, moi, ce qu'on peut faire, avec le nombre qu'ils sont, imagine…

J'ai allumé mon ordinateur. Il m'arrivait de voir passer des posts sur Facebook, que je lisais d'un œil, d'une fille très investie apparemment. Julie n'était pas à proprement parler une amie au départ, plutôt une connaissance qui éprouvait envers moi une certaine méfiance. Elle avait été la petite amie de l'un des voisins de ma mère à l'époque où j'étais encore avec mon mari. Plutôt baba cool, ils savaient que mon mari était flic, un flic qui en prime ne se privait pas de parler de « toute cette racaille qu'on a sur Calais… ». J'étais restée aux yeux de Julie une « femme de flic ». J'ai regardé attentivement les reportages qu'elle relayait sur sa page. Ils n'émanaient pas des médias officiels, mais de blogueurs ou associatifs que je ne connaissais pas. J'ai liké ses posts, j'en ai commenté certains. Visiblement, Julie, assistante dans un lycée, passait ses week-ends, ses soirées, ses vacances à aider dans la jungle. J'ai mis des « j'aime » sur les pages d'associations auxquelles elle était elle-même abonnée, pour recevoir à mon tour leurs informations. Ensuite, je lui ai envoyé un message tout simple : *J'ai été à la jungle, c'est horrible, on peut faire quoi ?* Elle ne m'a pas répondu tout de suite.

Je ne pouvais pas rester les bras croisés. J'étais absorbée par mes recherches, et ma mère se demandait quand on finirait par dîner. J'ai écrit un post sur ma page comme on lance une bouteille à la mer : *Je vais faire une collecte de vêtements pour la jungle de Calais. Si vous avez du linge, des couvertures, je suis preneuse.* Il y a eu un ou deux commentaires critiques comme « on ferait mieux d'aider nos SDF », mais davantage de « super ! » ou « je vais demander à mon frère, ma mère, de vider les armoires », etc. Certains m'ont envoyé des questions en message privé, dont Cindy, une amie prof, qui m'a écrit : *C'est super ce que tu fais, moi aussi, je vais aller aider, il paraît qu'il y a une école ?* Je n'en savais rien.

Trois jours plus tard, Julie me répondait et me proposait de prendre un café avec elle à Calais dans la foulée. Là, elle s'est attablée, et elle m'a dit :

— Quand j'ai vu tes likes sur mon profil et tes commentaires, je t'avoue que ça m'a un peu étonnée…

— Ah bon, pourquoi ?

— Ben, parce que… Enfin, une ancienne femme de flic… et puis…

— Eh oui… Il n'y a que les imbéciles qui ne changent pas d'avis. J'ai commencé à récolter d'ailleurs…

— C'est vrai ?

C'était plus que vrai ! J'ai eu la surprise de me retrouver en quinze jours avec quarante sacs de linge que les gens m'apportaient à la maison le soir ou le week-end, jetaient dans mon coffre après une soirée chez eux, ou que j'allais chercher moi-même en sortant du boulot. J'ai tout stocké au sous-sol : des couvertures, des vêtements, des chaussures, de toutes tailles. Là, j'ai réalisé face à la montagne de vêtements que je ne pouvais pas débarquer avec des sacs contenant tout et n'importe quoi. J'ai réfléchi et j'ai trouvé une solution : mes stagiaires en formation s'apprêtaient à exercer un métier altruiste, non ?

Un jour dans la salle de cours, j'ai posé tous les sacs sur la table. Quand les stagiaires sont arrivés, l'un m'a lancé :

— Mais c'est quoi, ça ?

— Un projet pédagogique.

— C'est-à-dire ?

— J'ai réuni des fournitures pour la jungle. On va faire des sacs en triant par taille, sexe, genre de linge. En contrepartie, vous prenez ce dont vous avez besoin. Ça marche ?

Mes seize stagiaires ont été partants, même ceux qui étaient sur des sites anti-migrants. J'en ai profité pour organiser un petit débat dans la foulée, faisant dialoguer une femme très « *peace and love* » et une jeune d'extrême droite. Si personne ne convainc l'autre dans ce genre de conversation, ou rarement, au moins chacun entend un autre son de cloche… À un moment, ça peut faire tilt !

Le vendredi après-midi, j'ai mis cinq ou six sacs dans la voiture, et j'ai pris la direction de la jungle. Je n'avais pas peur de me faire rejeter, encore moins agresser, je savais à quel point ils avaient besoin d'aide. Ce qui m'effrayait, c'était surtout la barrière de la langue. J'imaginais qu'ils ne parlaient pas français. Je me suis dit que je me débrouillerais en communiquant par signes. Une stagiaire m'a conseillé : « Passe par la petite route derrière, c'est plus pratique, ça s'appelle le chemin des Dunes. » Elle n'y était jamais allée, mais elle habitait la petite rue commerçante qui y menait, celle qu'empruntaient tous les migrants pour gagner le centre. Elle avait pris pour habitude de laisser sur le bord de sa fenêtre des vêtements pour eux, « en libre-service ». J'ai trouvé facilement. Les dizaines de tentes et abris de fortune serrés les uns contre les autres formaient comme une haie le long du chemin, jusqu'à un endroit où j'ai vu une trouée. Tout de suite, mon regard a été attiré par une drôle de hutte face à l'entrée. Elle était ronde, couverte de bâches bleues et d'un haut toit de paille. Elle avait un côté gai et pimpant qui tranchait dans le décor. Devant trottinait une poule. Ce n'était pas une poule d'élevage, destinée à être mangée, mais « Jeanne », l'animal domestique d'Alpha, le constructeur de la maison. Sur la façade était écrit « LA MAISON BLEUE », en hommage à la chanson de Maxime Le Forestier. Il y avait aussi un panneau où l'on pouvait lire « ICI, ON VEND UN VACCIN CONTRE LE RACISME » et un autre « PERMIS DE CONSTRUIRE ».

Enfin, une pancarte « ÉCOLE D'ART ». Je me suis dit : « Mais où je suis tombée ? » Quand on pense migrants, jungle, misère, on imagine l'absence de culture, de sourires, de couleurs. Je n'allais pas découvrir un monde enchanté, c'est sûr, mais tout à fait autre chose que ce que j'imaginais.

Tout de suite, un grand Black s'est approché, portant une tenue traditionnelle bleue, pétante et bariolée, assez impressionnant à mes yeux de Calaisienne qui n'a jamais voyagé ailleurs qu'en Tunisie pour son voyage de noces. Mes vacances, je les prends dans ma petite maison face au bois, avec ma famille et les amis du coin : c'est dire combien les autres cultures m'étaient étrangères. Le Black, c'était Alpha, réfugié mauritanien, qui avait construit son habitation sur le modèle des maisons peules. Il m'a adressé un sourire bienveillant.

— Bonjour… Je ne t'ai jamais vue ici, toi…

— Non, c'est la première fois que je viens, je viens aider.

Il m'a serré la main.

— J'ai apporté des habits…

À peine avais-je fini ma phrase qu'un autre Black s'approchait, plus petit, vêtu d'un pantalon de survêtement noir et d'une polaire rouge, l'air plus local, et parlant un français sans accent, contrairement à Alpha :

— Bonjour, je m'appelle Zymako, je suis le copain d'Alpha. Lui, il tient l'école d'art et moi, l'école tout court, qu'il m'a aidé à construire.

— L'école ?

— Bah, oui, l'école ! Les gens viennent apprendre le français, pour pouvoir au moins répondre « merci » ou « bonjour » quand on leur adresse la parole dans Calais. Il va bien falloir qu'ils s'y mettent, s'ils restent. Il y a aussi des cours d'anglais.

Là-dessus, une femme blonde est venue à ma rencontre.

— Bonjour, je suis une des profs bénévoles…

Je tombais des nues : une trentaine de profs bénévoles venaient de Calais faire des heures sup à la jungle !

— Bonjour, moi, c'est Béatrice, je viens aider…

— T'as apporté des trucs ? a continué Zymako.

— Oui, des vêtements. Ma voiture est là…

— Pour grands ? Petits ?

— Aujourd'hui, des sacs avec des tailles enfants, mais j'en ai stocké d'autres…

— Tu fais partie de quelle asso ?

— Euh… aucune.

— C'est bien de venir là sans asso, c'est sympa de ta part. Mais…

Il a semblé réfléchir quelques secondes, et puis il m'a dit :

— Alors, viens. Je vais t'accompagner. Parce que toute seule, c'est pas conseillé.

Et comme j'ai dû faire grise mine, il a ajouté pour me rassurer :

— C'est pas qu'ils sont méchants, mais quand ils vont te voir arriver avec tes sacs, ils vont se jeter dessus et s'arracher les vêtements. On va prendre ta voiture, on va aller côté enfants.

Son air pacifique et son éternel sourire m'ont fait me sentir en totale confiance.

Zymako m'a fait traverser toute la jungle en voiture. De petites rues bien tracées, comme une ville, avec de chaque côté des baraques en planches et bâches, des tentes bricolées à l'arabe, avec des ustensiles de toutes sortes suspendus à des piquets en bois. Devant, il y avait des bouts de canapés, de vieux coussins, des brasiers ici et là devant lesquels les hommes se tapaient dans les mains pour se réchauffer. Ils faisaient bouillir de l'eau pour se faire du thé, du café, sur des âtres bricolés avec des pierres et des grilles de frigo ou de four. La lutte contre le froid, les trois quarts de l'année, était leur souci numéro un. Ils entreposaient du bois de récup, des bidons dans lesquels ils pourraient faire du feu. La nuit, ils dormaient tout habillés, emmitouflés, car il n'y avait pas de source de chaleur sous la tente.

Sur le chemin, je voyais des pancartes dont je ne comprenais pas le sens : « LEGAL CENTER », « ASHRAM KITCHEN », « SHOWER »… Je découvrais que la jungle était une ville. Un bidonville, certes, mais une véritable ville, c'est-à-dire un endroit peuplé d'hommes qui avaient organisé une vie sociale. Je roulais doucement, éberluée par ce capharnaüm, cette pauvreté. Mais aussi tous ces gens qui parfois souriaient ou riaient : ils faisaient moins la gueule que les promeneurs du samedi après-midi dans une rue de Calais ! Aux côtés des migrants, il y avait des Blancs, des jeunes, des vieux, des dames patronnesses catholiques au brushing blanc, des grands ados baba cool, des cinquantenaires anars, de jeunes nanas en jean qui trimballaient des sacs de courses ou des plats.

— C'est des bénévoles, m'a expliqué Zymako.

— Mais qui viennent d'où ?

— Ben… de partout. De Calais, de Belgique, parfois de l'autre bout de la France, et de plus en plus d'Anglais. Ils ne sont pas d'accord avec la politique des frontières, ils se sentent solidaires.

— Ils font partie d'une asso ?

— Ça dépend. Il y a de tout : des indépendants, des gens de la Croix-Rouge envoyés de Paris ou de Marseille, des « pros » comme ceux de Médecins du monde, des militants des « No Borders ».

Les No Borders, je savais déjà qui ils étaient par la presse. Le mouvement international part d'un bon sentiment : ils veulent un monde « sans frontières ». Leurs méthodes, en revanche, je ne les approuvais pas. Certains de leurs militants, par exemple, encourageaient les migrants à la violence pour arrêter les camions. Ils y voyaient le seul moyen de réussir. J'ai toujours pensé le contraire, que c'était le meilleur moyen pour braquer les gens contre eux.

Enfin, Zymako m'a dit de m'arrêter. On est descendus de la voiture dans la zone des Soudanais, où il y avait des femmes et des enfants. Immédiatement, comme il l'avait prédit, on a été encerclés. Ce qui m'a frappée, c'est qu'en proie au plus grand dénuement, les mères trouvaient encore le temps de natter les cheveux de leurs petites filles, de leur mettre des rubans faits de bouts de tissu déchiré. Évidemment, là non plus, ce n'était pas tout rose. Des mères gueulaient sur leurs enfants, à bout de patience, des gifles tombaient, ce n'était pas vraiment Alice au Pays des merveilles. Mais ce semblant de coquetterie, c'était un reste d'humanité. Une petite fille est venue chasser les images de détresse que j'avais vues avant. C'était une petite Érythréenne haute comme trois pommes, de trois ou quatre ans, que j'aurais bien été en peine de distinguer d'une Soudanaise à l'époque. Elle s'est jetée la tête la première dans l'un des sacs, sortant les vêtements un à un à la va-vite, faisant son tri, sous les yeux lourds de reproches de sa mère qui essayait de la freiner. Quand elle trouvait un vêtement moche ou pas à sa taille, elle grimaçait et le jetait dans un autre sac, et quand ça lui plaisait, ses yeux s'illuminaient et elle courait à sa tente le mettre à l'abri, avant de revenir très vite, pour ne pas rater un autre trésor. Sa mère me regardait un peu gênée, et moi, j'avais chaud au cœur. Malgré le reste, l'immense reste. Je me disais : donc, il n'y a pas rien à faire...

J'ai recommencé de la même façon les fois suivantes jusqu'à écoulement des sacs, en prenant Zymako au passage pour qu'il m'accompagne. J'allais à la jungle dès la sortie du bureau, le vendredi soir. Quand il pleuvait, c'était l'horreur, on s'enfonçait dans la boue, tout était détrempé. Les gens perdaient le peu qu'ils avaient : le linge, les couvertures. Ils n'avaient nulle part où faire la lessive, ayant déjà bien du mal à avoir accès à un point d'eau pour se brosser les dents, et aucun endroit où faire sécher le linge. Tout linge sale ou mouillé les jours de pluie était bon à jeter. Par mauvais temps, la jungle paraissait bien sûr encore plus sinistre. Les rares personnes qui s'aventuraient dehors marchaient courbées, les autres se calfeutraient dans leur abri, derrière un fatras de tissus et de toiles plastique. On aurait dit que tout le monde était mort. Le vent balayait cette lande plate en emportant les bâches mal arrimées et le moindre objet à découvert, chaises en plastique, vieux bidons, n'épargnant rien. Un jour sur deux, l'odeur était irrespirable à cause de l'usine chimique voisine classée Seveso, qui renvoyait ses fumées toxiques. En revanche, il n'y avait pas ou peu d'odeurs de détritus. Ils étaient très vigilants à jeter les déchets qui attirent les rats. La première fois que j'ai enjambé un rat crevé, une belle bête, énorme, j'étais seule et j'ai pensé : « Mais la nuit, dans la tente, en plein sommeil… » Je préférais ne pas imaginer… Un rappeur assez connu, Damso, est venu tourner un clip à la jungle, encore visible sur YouTube. On y voit un rat qui passe en cavalant en arrière-plan. La mairie de Calais a tenté de repousser aussi longtemps que possible le ramassage des détritus, pour faire fuir les migrants, mais le risque d'un drame sanitaire était trop grand. Certaines épidémies étaient inévitables, liées à la « récup » de n'importe quoi n'importe où. Beaucoup de gens attrapaient la gale, et l'humidité permanente, le fait qu'ils dorment habillés la nuit en marinant dans leur jus leur donnaient souvent des démangeaisons et toutes sortes de maladies de peau. Il y a eu des périodes où tout le monde était infesté de punaises de lit, de poux…

Sur place, un genre de dispensaire, appelé « clinique », prodiguait les soins ordinaires. Médecins sans frontières et Médecins du monde s'étaient installés au sein de la jungle dès qu'elle avait pris de l'ampleur. Quand le mal était plus grave, il fallait sortir la personne à l'extérieur du camp parce que les services d'urgence, pompiers comme SAMU, refusaient d'y pénétrer. Le malade était alors emmené à l'hôpital, mais on ne le ramenait jamais, bien sûr. Il devait se débrouiller pour le retour. Même tout juste opéré, il lui fallait traverser la ville, quatre kilomètres à pied. Les habitants de la jungle ne se plaignaient pas. Ils pouvaient gueuler cinq minutes, mais l'urgence de vivre et d'avancer prenait le dessus.

Zymako a longtemps été mon guide, comme celui de beaucoup de migrants. Je l'interrogeais souvent sur le quotidien :

— Et pour se laver, ça se passe comment ?

Zymako prenait alors son air le plus détendu.

— Pour se laver, c'est très simple : on traverse la jungle, et on va jusqu'au bâtiment Jules-Ferry (c'était le seul bâtiment « en dur », un ancien centre de vacances calaisien désaffecté et réaménagé par la mairie). Il faut y aller vers 3 heures du matin. Là, tu fais la queue, une heure ou deux, dans le froid, ou la pluie, ça dépend. Ensuite, tu as le droit de prendre une douche pendant six minutes.

— Six minutes ?...

— Six minutes ! C'est le temps maximum pour une douche. Quand on sort de la douche, on a droit à l'unique repas de la journée, distribué par la Vie active, l'organisme d'aide officielle de l'État. Il suffit de faire la queue. Une heure ou deux. Tu comprends ?

— Ah, OK...

Je comprenais. Plusieurs heures pour le droit de se laver six minutes et de manger. Je comprenais surtout, en discutant à droite et à gauche avec des bénévoles, que beaucoup de migrants renonçaient, soit à la douche, soit au repas, soit aux deux. D'autant plus que ceux qui étaient restés debout toute la nuit, à tenter des passages improbables vers l'Angleterre, étaient démolis de fatigue le matin.

— Mais pourquoi l'Angleterre ?

— Parce que, d'où que viennent les gens, ils sont connectés à leur pays par Internet. Ils connaissent la situation en France, les délais administratifs, le bordel des centres de rétention s'ils sont en situation illégale, les restrictions pour obtenir le statut de réfugié, l'interdiction d'occuper un emploi s'ils n'ont pas encore le statut, un cercle vicieux. Alors, comment veux-tu qu'ils mangent, pendant les mois sans statut, quand c'est pas des années ? Leur famille peut leur envoyer des mandats, mais enfin elles sont souvent pauvres. Et même si jamais ils obtiennent le statut, ils connaissent le taux de chômage en France !

Quand ils quittent leur pays, l'Angleterre, c'est vu comme l'Eldorado.

— Et Calais, ils devraient savoir que c'est l'enfer puisqu'ils sont connectés ?

— Ils sont mieux là que sous les bombes, à croupir dans une prison pourrie ou torturés... Et ils ne le savent pas *vraiment*.

— Ils ne savent pas que les tentes baignent dans la boue, que c'est l'horreur, qu'ils vont devoir se battre pour tout, se laver, manger, rester propres ?

— Non.

J'ai alors appris que les habitants de la jungle mentaient à leur famille... Ils mentaient aux proches restés au pays, parce qu'on ne peut pas dire : « Je suis traité comme une "merde" – je ne trouve pas d'autre mot –, je souffre, je vis dans des conditions indignes. » C'est à la fois une question d'honneur et d'altruisme envers la famille qui ne peut rien faire. J'ai vu certains appels téléphoniques où les types se filmaient un jour de grand soleil devant un bout de verdure en déclarant : « C'est très beau, la France. » À quelques mètres, un marécage. « On est bien accueillis, même si tout n'est pas parfait. » À cinq cents mètres, des grilles et des barbelés. « On voit de belles choses. » Au-dessus, des centaines de goélands tournoyaient en criant, prêts à fondre sur un container plein à ras bord d'ordures, et à côté des gosses crottés couraient. Ils concluaient radieux : « Tout va bien. Embrasse tout le monde ! »

Encore aujourd'hui, quand je demande à Mokhtar ce qu'il pense de Calais et pourquoi il y est venu, il débite la légende : « Pourquoi Calais ? Mais parce que c'est la plus belle ville du mooooonde ! Il fait un temps magnifique, les gens sont gentils, il y a de belles maisons. Oui, vraiment, Calais, c'était un rêve ! »

Les habitants de la jungle n'aimaient pas raconter leur histoire. Ils avaient leur pudeur, et nous la nôtre : ce serait inhumain de faire se retourner quelqu'un sur ce qu'il a perdu, son statut social, sa culture, sa famille. Ils restaient en général en contact avec leurs proches par téléphone ou plus souvent grâce aux messageries sur smartphone. Comme beaucoup, j'étais choquée de voir qu'ils étaient équipés de smartphones, alors qu'ils ne possédaient rien. Mais ils les achetaient d'occasion, en ville ou à la jungle, et se les repassaient. Bien sûr que dans le lot, il devait y en avoir des volés, comme ceux que M. ou Mme Tout-le-Monde achète sur les sites d'occasion ! Mais je pense qu'ils auraient préféré avoir de quoi les payer au prix fort ! De la même façon qu'ils préféraient aller travailler en Angleterre pour gagner leur croûte plutôt que de « profiter » du « merveilleux » repas unique offert par l'État ! Ils auraient pu se priver de beaucoup de choses pour acheter leurs « cartes Lyca », les cartes prépayées Lycamobile, tout simplement parce que c'était tout ce qui leur restait : le lien avec leur famille.

Même Zymako et Alpha ne se racontaient pas, ils aimaient mieux évoquer l'avenir, ou ce qu'ils avaient réussi à réaliser dans la jungle. Leur présent était leur fierté. Et ils avaient bien raison. Ils s'étaient aidés l'un l'autre trois ans plus tôt à construire chacun son école. Zymako, nigérian, était un conteur-né qu'on pouvait écouter des heures, un sage très respecté dans la jungle, qui savait calmer les esprits en cas de tension. Il avait chargé Christophe, un bénévole, de monter une petite association qui récoltait les fonds pour acheter du matériel scolaire, un groupe électrogène, et de vieux ordinateurs qui, même sans Internet, se révélaient précieux. Zymako faisait connaître ses actions grâce à Facebook, et la presse venait souvent l'interviewer. À la fin de la jungle, il avait même réussi à faire installer le photovoltaïque. Alpha, lui, était le petit-fils de l'un de ces fameux tirailleurs sénégalais qui s'étaient battus pour la France. Il habitait la « Maison bleue » qui abritait aussi son école d'art. Artiste de formation, il peignait des toiles très gaies et savait réaliser avec trois bouts de ficelle des miracles utilitaires. Par exemple, il fabriquait, aidé de bonnes volontés, des chaussures au moyen de chambres à air récupérées sur de vieux pneus ! Aux beaux jours, il confectionnait des spartiates à lanières et des tongs, poussant le détail jusqu'à y dessiner de petites fleurs pour les femmes.

D'où tiraient-ils leur énergie ? De quel passé ? Je ne l'ai jamais su, même si Zymako avait rapporté dans une interview les mots que lui répétait sans cesse sa mère : « La vie, c'est dur. Même pour ceux que tu envies, elle est dure. Les milliardaires, tu crois qu'ils ont de la chance, mais pour eux aussi, c'est dur. Ils se sont battus, et tous les jours ils se battent ! Personne n'est jamais arrivé. Personne. » N'empêche… Réussir à vivre sans colère, avec le sourire, sans envier les milliardaires, alors qu'on patauge dans la jungle, c'est fort.

Mon regard a changé. Et avec lui, c'est toute ma vie qui a changé. Quasiment du jour au lendemain. Au début, je ne venais que le vendredi, puis le samedi ou le dimanche, puis les trois jours. Ma famille et mes amis râlaient : il n'y avait pas que la jungle dans la vie ! Mais je m'étais embarquée dans une aventure trop forte pour rester dans l'entre-deux, une aventure collective, qui dépassait les petites satisfactions du quotidien. Nous étions nombreux à être indépendants, à apporter des vêtements, des montagnes de crêpes, des omelettes géantes, des kilos de pâtes ou de riz achetés parfois en organisant des événements, fêtes, lotos ou autres, au bénéfice des migrants. Certains récupéraient les invendus à la sortie des supermarchés. La jungle n'a tenu que grâce aux associations et au maillage humain rendu possible par Internet. Jamais auparavant je n'aurais soupçonné l'existence de ces réseaux, qui passaient par Facebook, où je commençais à prendre ma place. Je surfais sur Internet jusque tard dans la nuit. Je demandais en amis tous les gens qui me semblaient fiables, connus de vue à la jungle, sans que nous nous fréquentions en dehors pour autant. Grâce aux groupes créés sur Messenger, nous pouvions savoir qui manquait de quoi et essayer de répondre aux besoins au fur et à mesure. J'ai fait des convois de toutes sortes : des cartables pour Zymako parce que les enfants aimaient faire « comme si » (comme si tout était normal), des boîtes d'antibiotiques inutilisées, des jouets, des casseroles, de la vaisselle, et bien sûr tentes et bâches étanches. Parfois, on recevait des demandes spéciales, très précises. Comme cette fois où il a fallu trouver d'urgence des vêtements taille 36 « faciles à enfiler » pour une petite Syrienne adolescente qui avait atterri à Paris. Pourquoi faciles à enfiler ? Parce qu'elle s'était défenestrée et se trouvait en soins intensifs à l'hôpital. Elle et son frère, « mineurs isolés », c'est-à-dire sans famille à la jungle, avaient été contrôlés un jour, emmenés à Paris et séparés, placés chacun dans un centre. C'en avait été trop pour la petite. Quand on vous raconte des destins pareils, que voulez-vous répondre ? Que vous ne pouvez pas vous en occuper parce que, le samedi, vous avez shopping avec votre mère ? Randonnée avec une copine ou ciné avec votre fils ? Alors, vous vous mobilisez, vous cherchez des vêtements taille 36 faciles à enfiler, et puis c'est tout. Et quand votre famille vous dit, comme ma mère et Florian les premiers temps : « Mais tu crois pas que tu en fais un peu trop, pour la jungle, là ? », vous leur répondez qu'il n'y a pas de danger : trop, ça restera pas assez !

On m'avait bien dit que j'étais « trop sensible » quand, au niveau CAP-BEP, j'avais demandé à être orientée vers le sanitaire et social. Moi, je pense que je suis juste « humaine ». On m'a envoyée dans le commerce : je n'ai à peu près jamais rien vendu. Je n'y voyais aucun sens. Tout comme au métier d'ouvrière en intérim les dix années suivantes.

Pour m'orienter vers une carrière où je réparerais les injustices, où je serais à l'écoute, j'ai suivi des cours de droit que mon mari voyait comme des « escapades du soir », chaque velléité d'indépendance lui apparaissant comme une trahison. Tirée au sort, à la même époque, pour faire partie d'un jury d'assises, j'ai été confrontée pendant trois semaines au pire de l'humanité, principalement de l'inceste. Je me suis dit que ce n'était pas pour moi, au grand soulagement de l'homme qui régissait alors ma vie.

Quand j'ai fait mes premiers pas dans la jungle en février 2015, j'avais enfin un métier qui me plaisait, un toit familial protecteur, un fils assez grand pour me laisser du temps libre, de bons amis et aucun homme pour me mettre des bâtons dans les roues. Pour la première fois de ma vie, je faisais ce que je voulais. J'avais du temps libre pour m'engager, le cœur fait pour ça, une vie compatible. Personne n'aurait pu me dissuader de m'investir dans la jungle, c'était pour moi un acte de liberté.

Chapitre trois

On m'aurait dit il y a quinze ans que je ferais du bénévolat dans la jungle, sans même parler de liens que je tisserais avec un migrant iranien, j'aurais éclaté de rire. Mon passé aux antipodes de ce que je suis devenue explique pourtant tout, il est un lent cheminement vers la liberté. Celle de penser, celle d'aimer. Pour mon mari, il allait de soi, depuis notre rencontre lorsque j'avais vingt ans et lui, trente-sept, que mon plaisir, c'était le sien. Et son plaisir, c'était principalement de rigoler avec ses collègues de la police en buvant des coups tard le soir à la maison. Il invitait beaucoup, je trimais en cuisine sans que personne lève le petit doigt, et il leur importait peu que je commence à 7 heures le lendemain matin. J'évitais autant que possible les mots qui fâchent, parce qu'il était capable de colères monstres. Comment ai-je pu être aussi docile, moi, la « grande gueule », connue pour ne pas se laisser marcher sur les pieds ? Par amour, tout simplement, les huit premières années jusqu'à la naissance de Florian. Les douze années suivantes, par sens de l'engagement et par fatalisme, jusqu'à sa mort. Quand je menaçais de partir, il répondait : « Je te retrouverai. Où que tu ailles. Tu n'auras plus de vie si tu t'en vas. » Je le croyais sur parole. J'en avais pris mon parti : « Cette histoire ne finira qu'avec le décès de l'un ou de l'autre, il n'y a aucune autre issue. »

J'aime à fond ou pas, tout de suite ou jamais. Quand j'ai vu mon mari pour la première fois en discothèque, ça a été le coup de foudre. Quatre mois plus tard, on vivait ensemble. Je l'ai aimé pour les défauts qui me deviendraient insupportables : il était carré, strict, directif, fiable et rassurant. À l'image de son métier. Il faut dire que, tout juste majeure, je m'étais auparavant amourachée d'un doux rêveur que j'avais suivi jusque dans sa caravane, garée sur le parking face au port de Calais. Romantique mais usant. Avec un flic, je m'éloignais de la vie de bohème. Pour autant, mon mari savait être drôle et adorait faire la fête. Un peu trop. Avec la naissance de Florian et une mutation professionnelle, sa consommation d'alcool, au lieu de se calmer, a augmenté, au point que je surnommais la maison « Licence IV ». Sa jalousie maladive ne me laissait aucune liberté : je n'avais plus une copine, je ne parle pas d'un copain. Mes deux sœurs et mes parents, parfois témoins de ses crises, me conseillaient de prendre le large, mais je me suis entêtée.

En juillet 2010, nous nous sommes installés pour les grandes vacances dans la maison de ma mère où je vis aujourd'hui. L'ambiance était plutôt détendue.

C'était la Coupe du monde. Le soir du 8 juillet, mon mari nous avait fait rire et je tentais de me réconforter : « Il y a encore de bons moments… » En pleine nuit, il a été pris de vomissements sanglants, inexplicables et impressionnants. Têtu lui aussi, il n'a accepté d'aller à l'hôpital qu'au petit matin. Il n'en est jamais revenu. Les médecins m'ont déclaré que ses soins l'année précédente pour un cancer des maxillaires lui avaient brûlé la carotide. Quand il est mort, je me suis dit : « Voilà, c'est fini. » Mais j'avais beau ne plus l'aimer d'un amour profond depuis des années, sa mort a creusé un vide immense. Depuis mes vingt ans, il avait guidé ma vie. La dépendance était à la fois invivable et rassurante : il décidait, je suivais le mouvement. Qu'est-ce que j'allais devenir ? Et notre fils Florian ? En sortant de l'hôpital pour regagner la maison, je me suis arrêtée sur l'autoroute et j'ai hurlé à la mort. Comme les loups. À m'éclater les poumons. Après, je me suis dit : « Pense à ton gamin, faut y aller ! »

À treize ans, Florian voyait son père comme un héros parce que je le protégeais de ce que je vivais. Florian était avachi devant la télé avec un copain de classe quand j'ai passé la porte et il a demandé distraitement :

— Ça va, papa ?

J'ai répondu :

— Non, ça va pas. Parce que papa, il va pas revenir.

Pas un mot n'est sorti du discours pédagogique que j'avais préparé sur le trajet de retour à la maison.

Florian a couru dehors évacuer sa rage. Il a renversé le mobilier de jardin. Il a pleuré. Et après, il n'a plus jamais parlé de son père. C'est le sujet tabou, entre nous, alors qu'on est très complices, sans doute parce qu'on a peur tous les deux de blesser l'autre en l'évoquant. J'ai craint les conséquences psychologiques, mais, à part un petit passage à vide au milieu de l'adolescence, Florian a suivi son petit bonhomme de chemin jusqu'à la terminale technique. C'est un bon gamin.

Les dix premiers jours de deuil ont été la période la plus décisive de ma vie. J'étais dévastée. Je n'ai posé qu'une semaine de congé, sans prendre d'arrêt de travail, pour avoir vite l'esprit occupé. J'ai retardé au maximum la date de l'enterrement et, pendant cinq jours, je n'ai pas décroché du salon funéraire de 8 heures à 20 heures. Ma sœur et mon beau-frère me disaient : « Arrête donc, tu vas devenir débile ! » Mais je réfléchissais. Je devais faire ma révolution maintenant ou jamais. Réorienter ma vie. La choisir. Je pleurais l'amour perdu depuis pourtant des années, un tuteur dont j'avais peur de ne pouvoir me passer, mais aussi bien des misères. Je me jurais de ne plus jamais les endurer. J'avais été corvéable à merci. Je l'avais soigné un an le temps de son cancer, c'était normal, mais j'avais supporté trop longtemps la soumission à son emploi du temps, ses envies, ses fréquentations, ses excès, ses interrogatoires. Alors, oui, j'étais accablée de tristesse, oui, j'étais perdue : comme quelqu'un qui n'a jamais eu le mode d'emploi de la vie sans maître ! Je me suis dit : « Tu ne vas pas te laisser aller. Tu vas reprendre du poil de la bête. Et maintenant, tu ne te laisseras plus jamais faire par personne ! »

Quand j'ai repris le travail, j'ai dû accompagner une famille dont le proche était en fin de vie. Lorsque je leur ai dit que mon mari était mort huit jours avant, le gendre du patient s'est étonné :

— Mais c'est pas possible, c'est fou ce que vous êtes forte. Moi, je n'aurais jamais pu.

J'ai répondu :

— Non, je ne suis pas forte. C'est juste qu'il faut avancer, c'est tout.

Pour « avancer », j'ai tout de suite donné le congé de notre appartement. Je l'ai vidé en descendant tout sur le trottoir le premier dimanche d'août, jour de brocante. J'ai réservé dix mètres de stand et vendu jusqu'au dernier des couverts de cuisine. Florian et moi, on s'est installés dans cette maison de Wierre-Effroy, à un kilomètre seulement de la maison de retraite où je travaillais. On s'y sentait bien. Les deux buts de ma vie, c'était désormais de vivre tranquille et que mon fils aille bien, point final.

Je n'ai jamais pensé que j'allais refaire ma vie. J'ai même plutôt tout fait pour ne pas la refaire. Quand on sort d'une histoire qui vous bouffe la vie à ce point, on a une seule envie : ne plus jamais retomber amoureux ! Les « amis » de la maison, ceux de mon mari, avaient tous déserté la table et le comptoir dès qu'il avait été malade, envolés, comme une nuée de moineaux ! Sauf Marcel, son meilleur ami, qui m'appelait de temps en temps. Les autres ne me manquaient pas. Je parlais avec ma mère, je m'occupais du jardin aux beaux jours parce que j'ai toujours aimé m'activer, j'allais de temps en temps au centre commercial ou à Cité Europe m'acheter des bricoles, j'emmenais mon fils au cinéma quand je pouvais et, comme je travaillais de nuit, j'étais plus en manque de sommeil que de loisirs.

Et puis un jour, mon dentiste, que je connaissais depuis toujours, m'a demandé :

— Ça va, ta vie ?

— Ça va… Tranquille…

— Tranquille ? Mais t'as quarante ans ! C'est pas normal, tranquille ! Tu veux un petit remontant ?

— Mais non ! Pour quoi faire ? Ça va très bien !

— Alors, sors un peu !

— Mais je n'ai aucune envie de sortir, tout va bien… Et puis je ne connais plus personne !

— Justement, moi, je suis sur un site…

— Ah non ! Aucune envie de rencontrer quelqu'un, encore moins sur un site !

— Je ne te parle pas de ça… Je te parle d'un site où je me suis fait plein de copains. C'est un site pour partager des sorties, des soirées, des balades, c'est génial !

— Ah ? OK, ben, je verrai ça plus tard.

Moi, les copains, j'avais vu ce que c'était, je parle de ceux de mon mari. Des lâcheurs, qui ne sont là que quand tout va bien.

Six mois plus tard, je suis retournée chez mon dentiste qui m'a lancé :

— Alors ? Ça y est ? Tu t'es inscrite ?

— Où ça ?

— Ben, sur le site !

— Ah non, oh ! là, là, c'est pas mon truc, et puis j'ai oublié.

— Tu vas t'inscrire, parce que la prochaine fois que je te vois, ta dent, je ne te la soigne pas, je te l'arrache !

Je me suis donc inscrite sans conviction sur un site de rencontres amicales en mars 2011. Et puis, contre toute attente, je me suis fait plein d'amis : jeux de société, restos, soirées rock, j'en suis devenue un pilier organisateur ; j'avais la chance d'avoir un sous-sol suffisamment grand pour recevoir du monde. J'ai fait la connaissance de gens de tous les milieux, du dentiste au chômeur, de personnes aux opinions diverses, âgées de trente-cinq à soixante-dix ans, ainsi que de mes deux super amies, Marie et Peggy. En l'espace de quatre ans, je me suis complètement éloignée des idées de mon mari, de ses a priori racistes, de ses préjugés et de ses solutions radicales. Mes parents n'avaient jamais voté Front national, ils vivaient déconnectés de la politique. À vingt ans, en épousant mon mari, j'ai aussi épousé ses idées, jusqu'à figurer sur la liste FN des municipales de 2008 à Boulogne-sur-Mer. Ensuite, j'ai préféré la droite classique et, après la mort de mon mari, je me suis enfin confrontée au monde, à des gens d'autres origines avec qui je prenais le temps de parler, amis, mais aussi patients et collègues. Je regardais désormais les émissions que je voulais, et je lisais des journaux. Et la conclusion, c'était que ce rejet par principe des gens différents était vraiment débile.

Vivre les yeux grands ouverts suffisait à mon bonheur. Sur le plan des amours, c'était le calme plat, et je ne m'en plaignais pas. Je n'avais aucune envie, concrètement, d'embrasser quelqu'un et encore moins de « partager » ma vie. Ma nouvelle ligne de conduite, c'était : « Toute ma vie à moi ! » Et puis, en 2013, j'ai eu une histoire d'un an avec un homme un peu différent, drôle et timide à la fois. Mais je n'ai pas pu me résoudre à construire un couple. L'expérience m'avait donné une certitude : « T'as essayé, tu as vu le résultat, c'est bon, c'est vraiment pas pour toi. » Il est devenu depuis un ami.

Curieusement, loin de me précipiter dans la détresse, ce célibat choisi en connaissance de cause me rendait sereine. J'étais prête à m'investir à cent pour cent dans une aventure humaine et non sentimentale. Le hasard et la proximité géographique font que cette aventure a été Calais. Elle a longtemps été détachée de mes sentiments personnels, un engagement humanitaire, vaste, à ma mesure. Un défi à la détresse.

À la jungle, j'ai découvert sept hectares de misère, mais aussi sept hectares de vie. Il y avait trois centres névralgiques qui fournissaient le minimum vital : la Vie active, organisme géré par l'État, et deux grosses associations, l'Auberge des migrants et la fameuse Salam pour qui j'avais une fois récolté. Si les migrants avaient manqué le repas « officiel » de la Vie active, les deux associations y pourvoyaient. Ils pouvaient se rendre aussi dans une *kitchen* comme la Belgium Kitchen ou l'Ashram Kitchen, des cantines créées par de toutes petites associations qui reposaient parfois sur une seule personne. Moyennant 3 euros, les plus riches pouvaient se rendre dans un « restaurant », kurde ou afghan. Pour dormir, on leur indiquait la tente laissée vide depuis plusieurs jours. On savait rarement ce qu'étaient devenus les occupants : partis en Angleterre ? Ailleurs ? Décédés ? On leur indiquait aussi où se laver, l'emplacement des sanisettes, la localisation des points d'eau. L'hygiène était pour tous une obsession, un vrai modèle pour les Français. Le matin, ils se trimballaient tous avec leur brosse à dents. L'éloignement des sanitaires et la difficulté d'accès aux vraies douches étaient un problème, surtout pour les femmes dont chaque période de règles sonnait comme une malédiction, mais aussi pour l'ensemble de la population en cas de diarrhées ou d'épidémies de gastroentérite.

Dans les premières heures de l'arrivée, l'urgence, à part être abrité, nourri et lavé, c'était de retrouver une identité. Tous laissaient leurs papiers en quittant leur pays, par sécurité d'abord, pour ne pas être catalogués comme fuyards sur leur propre sol, au risque de se faire emprisonner, mais aussi par peur d'être « dublinés » sur le parcours. Le mot fait référence au règlement de Dublin qui établit qu'une personne arrêtée et dont les empreintes digitales ont été enregistrées dans un pays de l'Union européenne ne peut faire une demande d'asile que dans ledit pays. Comme leur but était d'atteindre l'Angleterre, les migrants avaient peur d'être à jamais retenus loin de leur destination finale, et plus encore d'être renvoyés dans leur pays d'origine. Au début, je les entendais s'interroger avec angoisse : « Et toi, t'es dubliné ? », ou à propos d'un autre : « Il est dubliné ? », sans que je comprenne ce que ça voulait dire…

Au Legal Center, un chapiteau en bois coloré couvert d'un toit hexagonal, ils pouvaient refaire leurs papiers d'identité, connaître leurs droits, accomplir les démarches administratives. Certains formulaires, comme la plupart des pancartes dans la jungle, étaient écrits en arabe, anglais et français, mais, si les plus éduqués parlaient anglais, rares étaient ceux qui connaissaient le français. On ne pouvait pas demander des papiers sans solliciter le statut de réfugié, or la plupart ne voulaient pas rester en France. Ceux qui avaient été « dublinés » dans d'autres pays ne réclamaient pas non plus leurs papiers puisque, trahis par leurs empreintes, ils auraient été renvoyés. Quant aux autres qui demandaient leur statut de réfugié, j'ai souvent entendu des mauvais esprits dire : « Ils donnent le nom qu'ils veulent. » C'était possible en effet, mais leur nouvelle identité était alors définitive puisque la première prise d'empreintes les suivrait toute leur vie.

Ils ne couraient donc pas après les papiers établis en France, mais cela posait un problème de taille. Sans la moindre allocation de l'État puisqu'ils étaient en situation irrégulière, ils ne pouvaient pas non plus toucher les mandats Western Union de leurs familles : ce n'est en effet possible qu'en justifiant de son identité. Du coup, certains passaient par un copain muni de papiers, sur le compte de qui était viré l'argent. Le copain le récupérait, prenant une commission au passage. Dans la jungle, il n'y avait pas de petit profit.

S'ils demandaient l'asile, une fois leur dossier en cours, l'État leur allouait une quarantaine d'euros par mois. Quarante euros, ça les faisait rêver, mais pas autant que l'Angleterre. Là-bas, ils pourraient réinventer leur vie, avec un travail, dans un pays dont ils parlaient parfois la langue. Certains y avaient d'ailleurs déjà de la famille. Aucun ne cherchait à « prendre le travail des Français » en allant travailler « au noir ». C'était une chose impossible pour une raison simple : ils n'avaient pas de moyen de locomotion pour atteindre Calais, et ils étaient physiquement bien trop usés par les conditions de vie, l'absence de nuits complètes et de repas réguliers.

La nuit, le froid les réveillait sans cesse. Ils restaient le plus tard possible dans un des « cafés », sous le « dôme », une grande tente où il y avait un écran de télévision et des banquettes au sol, ou dans n'importe quel endroit qui avait pu maintenir une température vivable en se payant un groupe électrogène. Groupe électrogène qu'il fallait par ailleurs alimenter en essence alors que la station était à plus d'un kilomètre du camp. Sur la pénétrante de l'A16, on voyait ainsi des hommes marcher avec leur chargement d'essence, sans même essayer de faire du stop parce qu'ils avaient peu de chances d'être pris.

Le soir, ils évitaient de boire du thé parce qu'ils ne voulaient pas traverser la jungle plongée dans le noir pour gagner les sanisettes.

À côté de la réalité la plus dure de la vie utilitaire, il y avait l'école de Zymako et l'école d'art d'Alpha, mais aussi une bibliothèque que j'ai approvisionnée comme j'ai pu, moi qui avais adoré lire jusqu'à mes dix-huit ans, qui ne m'endormais jamais sans une biographie, mon genre préféré. On y trouvait tous les genres de livres, en français, anglais ou arabe, des ouvrages pour enfants aussi. Le long de rues qui s'étaient naturellement tracées, il y avait de petites échoppes vendant quelques produits de base, les fameuses *kitchens* ou « restos », un atelier de réparation de vélos ou de mécanique, un coiffeur, de petits stands de confection de « jungle-cigarettes », des cigarettes réalisées à partir de vieux mégots ramassés dans la rue et vendues 1 euro les dix. Mais les endroits les plus sacrés étaient tous ceux qui avaient pu s'offrir le fameux groupe électrogène : on faisait la queue autour d'écheveaux de multiprises pour recharger les portables.

Naturellement, les habitants se regroupaient par nationalités, comme les Européens le feraient par pays si on les parquait entassés au bout du monde. Afghans, Soudanais, Kurdes, Syriens, Iraniens, Érythréens se croisaient dans la journée, mais ne s'installaient jamais ensemble. Chacun avait ses habitudes, sa culture. Les Érythréens par exemple étaient très discrets, calmes, les femmes sortaient peu des tentes. La majorité était musulmane, avec des mouvances et des degrés de pratique différents. On entendait la voix du muezzin appeler à la prière à horaires réguliers depuis une mosquée improvisée sous une tente. Des hommes, habillés à l'africaine, à l'arabe ou à l'européenne, avec turban ou non, s'arrêtaient au milieu de la rue, se déchaussaient et s'agenouillaient pour prier… du moins quand le temps le permettait. Le ramadan était une période de tension, ceux qui observaient le jeûne regardant ceux qui ne le faisaient pas comme des mécréants qu'ils menaçaient. Le jour où un Iranien s'est fait tabasser parce qu'il fumait une cigarette, chose interdite pendant le ramadan, j'ai demandé un rendez-vous à Guillaume, un contact Facebook très actif dans la jungle. De temps en temps, ils passaient, lui et sa femme, avec leurs enfants. On s'est retrouvés devant un Coca à Calais. J'y suis allée direct :

— Dis-moi, je crois que tu connais bien l'imam ?

— Oui…

— Alors, il faut que tu lui dises de calmer ses « bons » croyants, parce que ce qu'ils font aux « mauvais », c'est juste pas vraiment de la bonté ! Il y en a qui ne veulent pas suivre le ramadan, ça ne risque pas de les ramener à la religion de se faire tabasser !

— Ah… Ça va passer peut-être, non ?

— Non, c'est pire que ça : ils ont décidé de virer les Iraniens de la jungle, « tous des mécréants ». Je pense qu'ils ont l'intention de leur pourrir assez la vie pour que ça marche !

— D'accord, je vais lui parler alors…

— Super ! Parce que je ne pense pas qu'ils aient fait cinq mille kilomètres depuis l'Iran pour se retrouver à vivre la même chose que là-bas !

Grâce à son intervention, les choses sont rentrées dans l'ordre. Les rigoristes étaient rares. La majorité des femmes étaient habillées à l'européenne, parfois les cheveux couverts par un simple foulard, mais aucune ne portait le hijab ou autre.

Je suis longtemps restée intriguée par la pancarte indiquant ÉGLISE, sans prendre le temps d'aller y jeter un œil. J'étais là pour aider, pas pour faire du tourisme. J'ai été surprise de trouver une véritable église, certes en planches, mais aussi joliment décorée qu'une « vraie », avec une grande porte en bois, une très haute croix au sommet et, à l'intérieur, des tapis colorés au sol, des rideaux blancs autour d'une table nappée en guise d'autel, des crucifix, des fleurs, des tableaux religieux, des guirlandes, des bougies. L'église n'a jamais été attaquée, et le curé, Joannes, un chrétien orthodoxe, traversait la jungle, vêtu de son aube de prêtre bleu clair, sans rencontrer d'hostilité.

Le prêtre faisait partie des piliers de la jungle, comme Bertrand, un agent immobilier, Françoise, une aide-soignante tout juste retraitée, Fabienne, une trentenaire blonde qui travaillait en milieu scolaire, Mehdi, un infirmier du centre hospitalier, et sa super copine Fabienne, qui avaient créé une page Facebook de soutien aux migrants, le « Réveil voyageur ». Parmi eux, il y avait aussi une responsable de la bibliothèque, la pimpante Sylvie, une femme d'une cinquantaine d'années qui avait connu Sangatte et n'avait jamais cessé depuis d'aider les migrants, et que l'on surnommait « la mère des réfugiés ». Son garage était rempli de tentes et d'outils de construction. Elle accueillait parfois des réfugiés chez elle. Il me semble qu'elle travaillait dans le domaine de la réinsertion.

Je n'ai jamais su pourquoi on comptait, parmi les aidants, beaucoup de Bretons, comme ces indépendants – deux couples – venus pendant leurs congés avec un camion plein de fournitures, ou l'association bretonne Utopia56.

Il y avait aussi des gens plus politisés, que j'allais apprendre à connaître plus tard, comme les No Borders, dont j'ai déjà parlé. J'étais loin d'approuver leurs opinions, mais certains étaient sympas, comme Laetitia, une blonde avec une petite queue-de-cheval, qui ne manquait jamais une action publique de soutien aux migrants, et son mec, Laurent, qui avait été retrouver des réfugiés jusque dans un camp en Italie. On se débrouillait tous pour aller à la jungle après le boulot, les week-ends, ou entre deux contrats pour les intérimaires. On s'échangeait nos noms pour se retrouver sur Facebook et communiquer, mais on ne se voyait jamais en dehors de la jungle, à l'exception de Jean, employé lui d'une grosse société, qui deviendrait l'un de mes plus fidèles amis. Il aidait les migrants à construire des cabanes avec du bois récupéré, sa compagne préparait des plats pour les apporter le soir. Et moi, j'ai fini par être partagée entre deux mondes : mes amis d'avant et mes « amis de jungle », dont je ne savais que peu de chose.

À côté de ces indépendants, de grands militants associatifs plus organisés postaient leurs vidéos et récits du quotidien sur Facebook ou leurs blogs, tels Philippe Wannesson, de Passeurs d'hospitalité, ou François Guennoc, qui tenait l'Auberge des migrants avec Maya. La physionomie de cette dernière était reconnaissable entre toutes, cheveux longs et blancs, belles rides et sourire magnifique, une sacrée bonne femme qui arpentait toute la jungle jusque dans le coin des femmes près de la Vie active, à l'autre bout du camp où j'allais rarement. Sur le même principe que les Restos du cœur, l'Auberge des migrants disposait de hangars dans la zone industrielle. Les particuliers pouvaient aller y décharger leur coffre, donner des vêtements, du linge, de la nourriture, des produits d'hygiène. C'est François Guennoc que j'avais vu dans un reportage parler d'un sujet tabou, passé complètement sous silence : l'enterrement des morts. Faute de service de pompes funèbres, les bonnes volontés transportaient les défunts au cimetière à Calais, où leur tombe – une vague dalle – était surmontée d'une croix en bois s'ils étaient chrétiens, après la bénédiction de deux ou trois bénévoles. Dans le meilleur des cas étaient inscrits sur la dalle une ville de naissance, une date, un nom, mais pas toujours. Il se trouvait rarement là un membre de la famille, et ceux restés au pays d'origine n'étaient pas forcément prévenus. Tout dépendait des informations qu'on trouvait dans le portable, ou de ce que le migrant avait communiqué comme informations à ses amis d'infortune. Pour dire à quel point il n'y avait pas un type spécifique d'aidant de la jungle, ni aucune caractéristique sociale, j'ai découvert très récemment justement que François Guennoc était ingénieur agronome, spécialiste du patrimoine maritime et grand militant écologiste – une personnalité ! Notre vie de l'extérieur n'avait pas d'importance : il n'y avait pas d'avant, pas d'après, juste le « faire maintenant ».

On ne se préoccupait pas davantage de l'origine, de la culture ou des convictions des habitants de la jungle que des nôtres. On se bornait à constater qu'entre certains, ça ne passait pas. Quand il y avait une bagarre, c'était souvent lié davantage à des tensions entre clans qu'entre personnes. La plus grosse explosion de colère que j'y ai vue est venue d'une histoire de vélo, entre Afghans et Soudanais, qui se supportaient difficilement. Un matin, quand je suis arrivée, Capucine, une bénévole qui avait dormi à la Belgium Kitchen cette nuit-là, m'a rapporté :

— Tout a volé entre les Afghans et les Soudanais. Des cailloux, des barres de fer… Ils ont allumé des feux, alors je te dis pas, avec les bonbonnes de gaz à la Kitchen ! J'ai cru que tout le camp allait cramer.

— Pour une raison spéciale ou c'est comme d'habitude ?

— Oui, pour un vélo ! Une petite gamine s'est fait voler son vélo, une Afghane. Les Afghans sont sûrs que c'est un coup des Soudanais.

On ne savait jamais le fond de l'histoire, ou rarement, parce qu'on n'était pas là pour faire la police interne et que, dans la jungle, il n'y avait pas de policiers. Juste des CRS garés dans des dizaines de camions tous les trois cents mètres autour du camp, principalement pour éviter les fuites de migrants. Cette nuit-là, ils ont réprimé l'émeute en gazant tout le monde. Ils faisaient d'ailleurs un usage régulier des lacrymogènes, au moindre incident, parfois à juste titre et parfois de façon abusive, au point que mes demandes sur les groupes Facebook concernaient le plus souvent des compresses et du sérum physiologique pour apaiser les yeux « cramés » des migrants. Tout le monde craignait la tragédie d'un embrasement incontrôlable après une rixe qui aurait dégénéré, à cause des toiles de tente, des bonbonnes de gaz, du gasoil entreposé, et de l'impossibilité pour les pompiers d'intervenir facilement dans une zone marécageuse non carrossable et encombrée.

Bizarrement, les migrants n'étaient pas si hostiles qu'on le croit aux forces de l'ordre. Ils savaient leur devoir parfois la vie. Ils n'étaient pas davantage en guerre contre la France et ses mauvais traitements, contrairement à ce que pouvaient laisser croire certains reportages. Ils n'étaient pas « anti-France », mais avant tout « pro-Angleterre ». Ils ne comprenaient pas, alors qu'ils avaient mis trois mois à traverser la moitié du monde, pourquoi ils devaient rester parqués là, pendant huit mois pour Mokhtar, d'autres plus d'un an, voire plusieurs années. La police ne les arrêtait jamais le long des routes : pour les mettre où ? En prison ? En centre de rétention ? Il n'y aurait jamais eu assez de places, il aurait fallu faire construire ! À l'extérieur aussi, quand ça s'échauffait un peu trop de nuit sur la pénétrante de l'A16, les CRS éteignaient des émeutes. Là encore, ils agitaient parfois la matraque alors qu'ils auraient pu procéder autrement, mais c'étaient les ordres : rétablir le calme le plus vite possible, peu importaient les moyens.

Les CRS n'avaient pas la moindre idée de la réalité à l'intérieur et ne voyaient pas plus loin que leur bouclier. Ils observaient la masse grouillante, pas le fait que les migrants avaient été dans leur pays des gens parfois aussi intégrés qu'eux. Ils n'entraient pas dans la jungle, sauf pour gazer, en tout cas pas pour discuter. J'ai fini par en saluer un, toujours posté au même endroit, qui n'hésitait pas à dire deux mots aux bénévoles, puis à échanger avec nous. Il faut dire qu'ils devaient s'emmerder sévèrement, assis à ne rien faire dans leur camion toute la journée, à tapoter sur leur smartphone. Il m'a sorti :

— Ils sont pas si mal lotis, quand même ! Avec toutes les associations, les bénévoles, et puis ils sont pris en charge. Surtout les mineurs, ça va, non ?

J'ai répondu :

— Mais non, monsieur, il y en a sept cents à l'intérieur du camp, des mineurs ! Et sept cents, c'est une estimation, parce que, de temps en temps, on en a qui disparaissent, on ne sait pas où.

Et là, le CRS me laisse sur le flanc :

— Ah bon, il n'y a pas une prise en charge, un peu comme la DDASS ?

Il a fallu que je lui explique que la loi française ne s'appliquait pas vraiment dans la jungle ! Que les migrants n'étaient pas bien nourris comme il croyait. Ni bien soignés. Pas bien logés, ça, il le savait, parce qu'il voyait ce campement de misère dont les bouts de bâches arrachées par le vent restaient collés dans les branches des arbres décharnés, toute cette gadoue par terre, toute cette saleté, malgré les efforts. Mais la conversation a été de courte durée. Son « chef » a vite déboulé.

— Bon, allez, c'est pas le lieu de discuter, là…

J'ai filé fissa avec mon sac sous le bras, je me suis enfoncée dans le camp. Peu de temps après, je n'ai plus vu « mon » CRS. Déplacé de l'autre côté, à l'autre bout. Trop de bavardages ! Il fallait à tout prix éviter que le côté humain ne se réveille. S'ils avaient connu la situation, ils n'auraient plus travaillé de la même façon. Des abus, des violences policières, il y en a eu. Au Legal Center, des avocats bénévoles se relayaient et conseillaient aux migrants de ne pas se laisser faire, de signaler le moindre délit, même s'ils n'avaient aucune chance de faire reconnaître leur agression par une quelconque instance. Ils n'avaient pas d'identité, ce n'était pas pour aller devant les tribunaux. Mais l'important était de laisser une trace, pour que cela se sache, que cela se reproduise le moins souvent possible. Présent dans la jungle, MSF (Médecins sans frontières) a signé plus de cent certificats médicaux faisant état de violences policières. Sans doute que cette vigilance limitait les dégâts.

Azad, un Iranien de la jungle qui a connu Mokhtar et a réussi à passer en Angleterre, s'en souvient, de la police ! Alors qu'il tentait d'escalader un grillage, il s'est fait attraper par des flics, qui sont restés sourds à ses supplications pour qu'ils arrêtent de le tirer vers le bas, car sa main était coincée dans la grille ! Il a eu beau hurler, expliquer, ils ont continué. On a dû lui faire des points de suture et il en a gardé les cicatrices, dans la tête surtout ! Mokhtar le voit de temps en temps en Angleterre et, chaque fois que je le croise, il répète en riant jaune : « *French policemen, no good ! French policemen, no good !* » En Angleterre, on les dit beaucoup moins brutaux. De toute façon, les migrants trouvent tout mieux en Angleterre, tout simplement parce que c'est la terre de leur victoire : ils ont réussi ! À survivre à leur périple, à survivre à la jungle, à franchir la dernière mer. Quand on les voit là-bas, des papiers en poche, un premier boulot avec un peu de chance, un abri en dur, une douche et leur dignité retrouvée, on prend conscience d'une chose : ces habitants de la jungle, qu'on regardait à Calais comme de pauvres gens, sont en réalité de vrais héros.

Chapitre quatre

Les habitants de la jungle vivaient tous au jour le jour. Le lendemain, ils espéraient être en Angleterre, soit parce qu'ils avaient réussi tout seuls, grâce à des « tuyaux », soit avec l'aide de passeurs, un business prospère mais bien évidemment illégal. J'allais malheureusement ne pas tarder à en savoir quelque chose ! Du « petit passeur » aux mafias, notamment albanaises venues de l'Est et attirées par la manne que représentent les migrants, il y avait toute la gamme de tarifs comme de qualité de service, si l'on peut dire. Le migrant, pour espérer atteindre l'Angleterre, devait le plus souvent rançonner, sous forme de prêt, sa famille restée au pays, qu'il rembourserait une fois qu'il aurait un salaire outre-Manche. Les passeurs, quant à eux, avaient une cote et ceux qui affichaient un bon taux de réussite pouvaient monnayer jusqu'à 3 000 euros le voyage. En novembre 2015, l'un d'eux était devenu une star en organisant le passage avec succès de quatre-vingts migrants d'un coup.

Évidemment, plus les menaces de démantèlement de la jungle par les pouvoirs publics s'intensifiaient, plus les tarifs s'envolaient. Avant le deuxième et « dernier » démantèlement d'octobre 2016, le passage se négociait jusqu'à 10 000 euros, alors qu'il était de 500 euros début 2015 ! Il faut dire que, parfois, le routier était dans la combine et empochait la moitié de la somme. C'est le système qui fonctionnait le mieux, bien sûr. Les passeurs les démarchaient sur les aires d'autoroute. Pour le chauffeur, l'offre était tentante. C'est pour ça qu'en entendant aux infos « les pauvres routiers de l'A16 avec la jungle », j'étais toujours partagée : oui, certains l'empruntaient la peur au ventre parce qu'ils étaient honnêtes et que le trajet devenait dangereux, mais d'autres circulaient aussi le portefeuille bien garni ! Quand le routier n'était pas dans le coup, le boulot des passeurs consistait à repérer l'entrepôt d'où partaient les camions pour l'Angleterre. Mais, avec le temps, leur « métier » s'est compliqué. Au début, il suffisait pour le migrant de découper une bâche pour s'introduire de nuit dans un véhicule garé devant son entreprise. Ensuite, les parkings des sociétés ont été éclairés, équipés de caméras de télésurveillance. Certains camions ont eu des chargements scellés par un câble plombé les rendant impénétrables. Le système de plombage évitait au chauffeur d'être accusé à tort de complicité et d'écoper de l'amende de 2 000 euros, instaurée par l'Angleterre, si le migrant était pris à bord. La complicité ou non des chauffeurs étant invérifiable, les Anglais ne les écoutaient même plus plaider leur bonne foi. Les entreprises payaient, mais elles pouvaient ensuite suspecter leur chauffeur.

Mokhtar, fin 2015, avait essayé de s'offrir un passage, mais il lui avait manqué le dernier tiers des 3 000 euros. Sa famille n'était pas pauvre, mais c'était tout de même une somme, qui plus est à réunir en peu de temps puisque le « plan » offert était rarement valable au-delà de quelques jours, voire quelques heures. Les passeurs avaient poussé le professionnalisme jusqu'à habiter la jungle pour être au plus près de la clientèle. Par groupe de quatre ou cinq associés, ils se faisaient des fortunes sur le dos de la misère. Un journal avait calculé que dix migrants par soir, cinq jours par semaine, à 3 000 euros, ça faisait… 600 000 euros par mois. Même partagés, ça valait le coup ! On disait qu'un hôtel de Calais avait été racheté par la mafia albanaise, qui avait recruté dans la jungle des femmes isolées pour les prostituer. Sans identité ni papiers, elles, comme les mineurs isolés, étaient à leur merci, mais les filières ne tombaient jamais ou presque. Les passeurs avaient tous des pseudos et quatre puces de téléphone, s'il y avait eu des plaintes… Et, quand bien même, qui les aurait « balancés » ? Ils étaient intouchables puisque les migrants avaient besoin d'eux ! Les habitants de la jungle les regardaient avec rage et impuissance faire la fête le soir autour d'un immense barbecue, boire des litres d'alcool, manger, rire, étaler leur pognon, pendant qu'ils crevaient de froid en attendant leur passage, l'argent qui leur manquait, ou la chance d'y arriver seuls. Les passeurs n'avaient, eux, jamais à se plaindre des migrants : ils se faisaient payer d'avance. Ils évitaient aussi d'escroquer, comme tout bon commerçant qui ne veut pas perdre son business. Après, si le migrant ratait son coup, mais que le service avait été rendu, c'était tant pis pour lui.

Essayer sans passeur restait le moyen le plus fréquent mais aussi le moins sûr. La nuit, sur la pénétrante de l'A16, les migrants en attente d'un camion risquaient leur vie comme celle des automobilistes en marchant sur le bas-côté, dans le noir parce que la mairie n'avait pas l'argent pour éclairer la route – et cela depuis des années, depuis bien avant l'existence de la jungle. Finalement, la municipalité s'est résolue à rétablir l'éclairage… après le deuxième et « dernier » démantèlement, une fois que ça ne servait plus à rien ! Un matin, j'ai moi-même été témoin d'un drame en allant travailler. Dès que j'ai vu le barrage et le gyrophare, je me suis dit : « C'est bon… C'est encore un migrant qui aura voulu descendre d'un camion. » L'accident avait eu lieu sur une portion de l'A16 qui allait vers Boulogne et non vers Calais ; il arrivait en effet qu'ils se trompent de sens. Ils sautaient alors en route. Je me souviens d'un migrant mort dans des circonstances particulièrement horribles pour avoir sorti la tête au-dessus du camion qui roulait en direction du port, pour savoir s'il se trouvait encore loin du ferry, au moment où il passait sous un pont. Le gars a eu la tête arrachée…

Quand je voyais relayé sur Facebook un post d'une famille de migrants : *Il a pris la route de l'exil, on est sans nouvelles, est-ce que quelqu'un l'a vu ?*, avec la photo du gars, j'avais toujours un frisson. On avait peur de le reconnaître, même s'il y avait peu de chances tellement on en voyait passer. Et on avait tout aussi peur de ne pas le reconnaître.

Et puis il y a eu le pire : cette Syrienne de vingt-six ans qui trouva la mort après avoir été percutée sur l'autoroute sous les yeux de son fils de neuf ans. Une nuit d'octobre 2015, elle était partie vers 21 heures pour le très sécurisé tunnel sous la Manche, à dix kilomètres de là. Pour une femme, cela semblait sans doute plus faisable que de se lancer à l'assaut d'un camion. Le taxi qui l'a tuée, à deux kilomètres du tunnel, a pris la fuite… Ce sont des migrants qui se sont précipités pour mettre le corps sur le bas-côté et empêcher le petit de demeurer devant le cadavre de sa mère en travers de la route. Une journaliste américaine en reportage sur place était tellement traumatisée qu'elle est restée le lendemain pour retrouver la famille. La jeune mère était venue seule avec son fils, laissant son mari et ses deux autres enfants là-bas. Quelques semaines plus tôt, sa sœur avait réussi la traversée en se cachant à l'arrière d'un camion. Elle espérait la rejoindre en Angleterre. Le petit garçon a été mis dans un avion pour la Syrie. Sa mère était la seizième victime de l'année.

Et à côté de l'horreur se propageait la gangrène, une montée d'un véritable fascisme que le pays ne soupçonnait pas : les pages Facebook et blogs anti-migrants, d'une violence inimaginable. Du temps de ma présence à la jungle, entre début 2015 et fin 2016, année du démantèlement, le nombre de candidats à l'exil a explosé, à cause des situations de guerre qui se multipliaient au Moyen-Orient, faisant passer la jungle de trois mille cinq cents habitants à dix mille ! Plus les migrants étaient nombreux, plus les commentaires haineux sur les sites des journaux ou sur les posts Facebook prenaient de l'ampleur. On pouvait lire sous un article « Un réfugié tué sur l'A16 » : « Allez hop, un de moins ! » Seuls les modérateurs de France 3 s'appliquaient à les effacer, heure après heure, et à mettre en garde en disant que c'était passible de justice. Sur Internet d'abord, dans les rues de la ville ensuite avec des manifestations haineuses, il a fini par régner une atmosphère de guerre civile.

Sur les sites ou les profils « anti-migrants », comme on les appelait, je pense avoir tout lu : que les migrants avaient des cartes bleues créditées par l'État alors que nos retraités crevaient de faim, ça, c'était courant ; mais aussi qu'il y avait une femme violée toutes les nuits dans la jungle, que de nombreuses Calaisiennes se faisaient agresser aux distributeurs dans le centre-ville, que les migrants faisaient la fête assis sur les tombes dans les cimetières. Parfois, comme pour cette « fête », il y avait des « images » à l'appui : on voyait des types faire les pitres et boire, effectivement, sur des tombes, sauf que l'image était une vieille photo disponible sur

Internet, le fait de soldats après une guerre dans un pays de l'Est, des années plus tôt ! Parfois, le journal local apportait son démenti, comme là, parce que le « hoax », la fausse information, circulait un peu trop, mais il ne pouvait le faire chaque fois, il aurait fallu une édition spéciale ! Par exemple, la nuit où la jeune mère syrienne est morte, une photo avait été relayée, avec des migrants autour du corps, et sous-titrée « les migrants empêchent les secours de passer » ! Heureusement que la journaliste en reportage avait elle aussi des photos qui témoignaient du contraire, mais semez le doute, il en reste toujours quelque chose…

Les « fachos » poussaient le vice jusqu'à s'infiltrer dans la jungle pour recueillir de prétendues « preuves » de la culpabilité des migrants. Comme les bénévoles allaient et venaient, il était facile de passer inaperçu dans le flux. Ils prenaient des photos en en donnant une lecture complètement fausse, comme ils le faisaient, par exemple, des pancartes « RESTOS » (on y mangeait un plat de riz, on n'y faisait pas bombance comme ils voulaient le suggérer), des vêtements sales abandonnés par terre en indiquant « voyez ce qu'on fait de vos dons », des iPhone 6 que certains avaient, témoins présumés de leur richesse, des petits spectacles que d'autres trouvaient encore le courage de monter pour les enfants et les adultes sous le « dôme », le chapiteau destiné aux activités communes et aux rassemblements. Oui, lire des textes ou des poésies leur donnait de la force, leur faisait penser à autre chose cinq minutes, mais tout point positif était exposé sous un jour négatif. Une autre fois, ils avaient montré la « discothèque de la jungle », sous-titrée : « Ils font la fête à la jungle ! Et nous, on paie ! » Enfin, toujours la même chanson. Oui, elle existait, cette discothèque ! J'en avais été moi-même la première surprise et en étais restée tellement incrédule que j'avais demandé à voir ça tout de suite, puisqu'elle était ouverte le jour. C'était un lieu plongé dans la pénombre, avec un genre de comptoir, des chaises, de la musique et quelques boules multicolores suspendues. L'objectif était le même que celui de l'école d'art ou du cartable que les enfants adoraient avoir : faire « comme si ». Comme si tout était normal. Éviter de puer la misère. Un jour, j'ai attrapé moi-même l'un de ces « fachos » en train de filmer les hommes en train de prier. Je me suis prise avec lui en selfie en lui montant un bobard, et je lui ai ensuite expliqué tranquillement que j'allais publier sa photo sur Facebook et la partager avec l'ensemble des bénévoles actifs dans la jungle. S'il voulait revenir un jour, qu'il réfléchisse bien !

Parfois, nous découvrions une page qui appelait carrément à casser du migrant sur l'A16. C'était l'une des distractions de certains extrémistes qui se photographiaient de nuit, exhibant matraques et treillis, se prenant pour des héros qui s'employaient à « sauver » Calais. Ils pouvaient tomber à dix sur un pauvre type et le dépouiller du peu qu'il possédait, à savoir un téléphone. Ils se présentaient à leurs supporters comme des « renforts aux CRS » – CRS qui n'étaient pas très contents de recevoir l'« appui » de ces tarés, plutôt enclins à déclencher des bagarres qu'à maintenir l'ordre. La préfecture n'avait d'ailleurs pas hésité à interdire l'un de leurs rassemblements : un barbecue nocturne organisé « en soutien de la police ». Fous de rage de ne pas être suivis dans leur violence, ils se sont mis à détester les forces de l'ordre « vendues » à des élus « laxistes » de droite, comme la maire de Calais, et de gauche, comme la préfète. Du coup, ils postaient des « preuves » que les CRS étaient pro-migrants, comme cette vidéo prise de nuit sur la pénétrante de l'A16, juste aux abords du camp. On y voyait des migrants traîner dans l'attente d'un véhicule pour l'Eldorado et des CRS, debout à côté de leur car, tripoter leur téléphone avec ennui, comme d'habitude puisqu'ils passaient des heures à, heureusement, ne rien faire. Les migrants entamaient un semblant de marelle en poussant du pied une pierre plate. Quand l'un d'eux a timidement fait glisser le palet vers un CRS, ce dernier s'est pris au jeu et l'a poussé vers son collègue. Cet instant a duré moins d'une minute, avant que les CRS ne reprennent leur rôle. Le site d'extrême droite titrait, outragé : « Et maintenant, les CRS jouent à la marelle ! » Comme si c'était le quotidien. Pour ma part, j'avais adoré ces quelques secondes d'humanité arrachées à la violence du monde. C'est la seule publication issue d'une page facho que j'ai relayée, la joie au cœur ! Quand on tombait sur des appels au meurtre, on le signalait à Facebook, sans suite évidemment, à une exception près.

À côté des fous furieux, on entendait des arguments économiques qui semblaient plus sensés. Certains disaient que les touristes avaient fui Calais… Mais quels touristes ? Les Anglais ne venaient plus depuis des années, privilégiant les régions plus ensoleillées. Quant aux touristes français, ils préféraient aussi aller à Venise ou à Istanbul pour 35 euros. Comme dans n'importe quelle ville de province, les petits commerces mouraient. Or dix mille habitants en plus, sur soixante-dix mille, c'était forcément une aubaine pour le commerce, une augmentation de la consommation, même si leurs moyens financiers étaient faibles : vendeurs de téléphones, supermarchés discount, boucheries halal, tabacs, primeurs… tous profitaient de l'afflux, et ça, on l'entendait moins. Sauf que moi, je m'en rendais compte : je les voyais ! Les CRS et les gendarmes mobiles remplissaient les hôtels dont les parkings étaient couverts de cars de service, les journalistes anglais et français louaient les apparts des Calaisiens en Airbnb, qui plus est tous ces professionnels mangeaient au restaurant. Quant à la délinquance, si les chiffres le disaient, c'est possible qu'elle ait augmenté… comme quand une ville s'accroît de dix mille habitants !

C'est parce que je voyais de plus en plus souvent des pages Facebook incitant à la haine que je suis allée pour la première fois à une manif, en novembre 2015. Il ne s'agissait pas de dire qu'on était

« pour » la jungle, mais d'expliquer que les habitants vivaient déjà dans des conditions indécentes, à la merci d'escrocs, et qu'on ferait mieux de lutter pour eux au lieu d'essayer de lutter contre ! On s'était tous donné le mot sur Facebook. C'est là que j'ai parlé pour la première fois avec la plupart des bénévoles. Il y avait des gens comme moi, qui venaient juste par humanité, et d'autres plus politisés, de l'extrême gauche, des communistes, des abstentionnistes, des pacifistes, mais aussi des No Borders militant pour la libre circulation sans restriction des personnes, quitte à passer par le coup de poing. Je n'ai jamais jugé personne, ne me suis jamais disputée politiquement avec aucun, mais je ne me suis jamais laissé récupérer non plus, et je n'ai jamais dit « oui » quand je pensais « non ». Une No Border m'a traînée une fois à une réunion communiste, mais je crois que j'avais perdu la foi en la politique en voyant ce que des socialistes pouvaient laisser faire à la jungle. Complètement par hasard à ma première manif, j'ai revu Julie, la première personne que j'avais contactée après l'épisode de mon auto-stoppeur soudanais. Quand je lui ai dit que j'étais bénévole depuis six mois, que tous mes loisirs y passaient, elle est tombée des nues. On ne s'était jamais croisées parce qu'elle était plutôt du côté soudanais, et moi plutôt du côté des écoles. C'est à cette manif aussi que j'ai rencontré une fille qui m'a conseillé d'aller aider à la Belgium Kitchen, où l'ambiance était bonne et où on manquait de bras. Et ça tombait bien : tous mes amis avaient vidé l'ensemble de leurs placards.

Cette première manif m'a traumatisée, parce qu'on y a vu un coran brûlé dans les rues de Calais, et de cela, moi, citoyenne du Pas-de-Calais et fière de l'être, j'ai eu honte. Honte face à la France entière. Partisans de la jungle et fachos, nous marchions tous dans la même direction, un simple cordon de CRS nous séparant et, parmi les deux groupes, des flics équipés de brassards orange siglés « POLICE ». Mais les guerriers devaient trouver l'ambiance trop calme. Alors, à un moment, sans que je sache d'où ils l'avaient sorti, l'un d'entre eux a incendié et jeté un coran. J'étais horrifiée. J'ai interpellé le policier le plus proche de moi, un commissaire :

— Non, mais vous vous rendez compte de ce qui se passe, là ? La ville de Calais, elle va passer pour quoi ? Vous réalisez le symbole ? Et vous ne réagissez pas ? Non seulement on les laisse manifester, mais en plus faire des choses aussi graves ? Vous imaginez l'effet, si on voyait brûler une bible ?

Il ne m'a pas approuvée ouvertement, mais il a dû estimer que je n'avais pas tort puisqu'il a fait intervenir ses hommes.

C'est à cette manif que j'ai pu observer l'ennemi en face et comprendre que les « fachos » qui inondaient Internet d'horreurs n'étaient pas tous des types au crâne rasé comme on peut se les représenter. Non, c'était pire que cela, car, en réalité, rien ne les distinguait du reste de la population. Comme pour les bénévoles, il n'y avait pas de portrait type. Une jeune fille plutôt jolie hurlait contre

« l'islamisation de la France », une retraitée qui ressemblait à Mamie Nova affirmait travailler à « l'avenir de ses enfants », des excités aux cheveux longs, sales comme des peignes, avec un bonnet enfoncé sur le crâne, qu'on aurait facilement pris pour des anars, agitaient le poing, quand ce n'était pas un fusil, comme je l'ai vu une fois. On identifierait un peu plus tard entre nous quelques types particulièrement actifs : ils vivaient du RSA dans des cités pourries. J'ai compris ce jour-là que ceux que nous appelions « les fachos » n'étaient pas « pour l'ordre », comme ils le prétendaient, mais surtout pour profiter d'une bonne occasion de se défouler, de frapper, de crier leur propre colère ! Mon mari était d'extrême droite, mais il était légaliste. Jamais il ne serait allé à une manif de ce genre. Celle-là s'est terminée comme toutes les autres : le ton est monté, les CRS ont gazé, et ça a été la débandade.

Dès que je suis rentrée chez moi, je me suis précipitée sur Internet et j'ai créé des contre-pages Facebook. Il existait « Les Calaisiens en colère », j'ai créé « Les Calaisiens pas en colère ! ». La page qu'on avait fait supprimer, « Calais libre », a été réinventée, avec le même nom : moi aussi, j'étais pour Calais libre ! On n'avait juste pas la même idée de la liberté ! Du coup, je recevais des messages d'extrémistes qui se trompaient de page, croyant être sur l'ancienne. Je leur écrivais le fond de ma pensée, on se détend comme on peut ! Plus sérieusement, le but, c'était de faire parler les plus virulents pour avoir des infos sur ce qu'ils mijotaient. On craignait à vrai dire une attaque de la jungle. Ils avaient une fois érigé des barricades auxquelles ils avaient mis le feu, bloqué un pont pour empêcher l'accès des migrants au centre-ville, la « chasse à l'homme » devenait un jeu populaire, ils étaient capables de tout. Un jour, on a tout de même retrouvé un habitant de la jungle noyé dans le port ! Personne n'a jamais su le fond de l'histoire, personne n'a cherché à savoir non plus. Ils mouraient le plus souvent comme ils avaient vécu : anonymes.

Quand ma mère est arrivée pour me parler ce soir-là, je lui ai raconté l'histoire du coran, montré les pages haineuses dont elle commençait à avoir l'habitude. Elle m'a dit :

— Oh, Béa, ça me fait peur, tu sais, ces manifs… Et si tu prenais un mauvais coup ? Parce qu'avec ces gens-là…

Je lui ai rafraîchi la mémoire :

— Maman, avant, t'avais peur des « Kosovars » de la jungle…

— Ah, oui, mais la jungle, c'est en majorité des gens bien, c'est pas pareil…

Ma mère avait en effet radicalement changé de point de vue depuis que je l'avais emmenée à la jungle.

Régulièrement pendant l'année 2015, pour lutter contre les idées reçues, on organisait des journées Portes ouvertes le dimanche, avec des animations comme de la musique, de la peinture, une invitation à boire un verre et à manger, une visite de l'école d'art. Le but, c'était que les Calaisiens viennent voir par eux-mêmes. On attirait les gens déjà un peu favorables, forcément, mais c'était mieux que rien. Il fallait le voir pour le croire. Il n'y avait pas de raison que ma mère continue à répéter quand je partais :

— Je devrais pas te le dire, mais… il paraît qu'ils violent les femmes.

Je répondais inlassablement :

— Écoute, maman, tu verrais la misère dans laquelle ils vivent, à se battre pour bouffer et avoir vaguement chaud, ne jamais dormir une vraie nuit. Ils sont franchement pas en état de violer les femmes, surtout devant tout le monde… Et du monde, il y en a partout !

D'autres fois, elle m'interrogeait :

— Il paraît qu'il y a eu une énorme émeute ?

— Non, maman, une bagarre à dix. Une histoire de téléphone volé.

Ma mère n'est pas idiote, mais elle écoutait les infos, les JT, qui ne venaient sur place par définition que quand il se passait quelque chose. Quelque chose de moche. Évidemment, c'était rarement pour un mariage ! J'essayais de contrebalancer en lui montrant les infos des indépendants comme Taranis News, une agence de presse alternative qui s'était spécialisée dans le sujet des migrants, ou Arte Jungle News, une antenne de la chaîne Arte créée exprès. Eux, on les voyait tous les jours et ils faisaient le minimum de montage. On avait pris l'habitude de voir passer régulièrement Gaspard, le journaliste de Taranis News. Je regardais ces vidéos pour m'informer comme tout le monde, parce qu'on a beau être « dedans », on a une vision de son quartier, mais pas de l'ensemble du camp. Je montrais ces reportages à ma mère, à mon fils, et à tous les amis qui passaient. Et puis un beau dimanche, j'ai décidé que j'allais offrir à ma mère une journée Portes ouvertes personnalisée. La thérapie par l'exemple. Je l'ai prise en voiture avec moi sous prétexte d'aller à Calais. Quand ma mère a vu que je ne bifurquais pas à l'embranchement pour le centre-ville, mais que j'empruntais la pénétrante de l'A16, elle m'a demandé :

— Bah, pourquoi tu vas par là ?

— Parce que c'est la direction du port et que j'ai encore des affaires dans le coffre.

Elle s'est écriée :

— Ah non, moi, je vais pas à la jungle !

— Tu ne vas pas à la jungle puisque tu ne sortiras pas de la voiture, je te le promets.

Cette fois-là, je n'ai pas pris Zymako au passage et je suis rentrée avec la voiture, comme promis. Les habitants l'ont reconnue et se sont tous agglutinés autour avant que je ne descende ouvrir mon coffre.

Ma mère s'est tournée vers moi, blême, et elle a soufflé :

— Regarde, y en a un qui tape au carreau…

C'était un grand basané au regard dur, avec un turban sur la tête.

— Et alors, il va pas te mordre ! Il te fait coucou, pour qu'on descende ! Fais-lui coucou !

— Ah ! Il me fait peur !

Ma mère avait le regard fixe, le dos collé au fauteuil de la voiture. Je lui ai expliqué doucement :

— Pourtant, c'est pas un Kosovar. C'est un Afghan. C'est pour ça, le turban. C'est leur tradition. Il va rien te faire.

Et comme je mettais la main sur le bouton de la portière, elle s'est exclamée :

— Tu me laisses pas toute seule ?

— Non, je fais ma distribution et je m'en vais. Comme d'habitude. Ça prend cinq minutes.

J'ai sorti les sacs du coffre, ils se sont jetés dessus, ils se sont confondus en « merci, merci », parfois le seul mot qu'ils savaient dire avec « bonjour », et je suis repartie. Ma mère avait assisté à la scène sans en perdre une miette, le regard par en dessous, des fois qu'elle croise une paire d'yeux. Quand je suis remontée dans la voiture, elle était silencieuse. On est sorties de la jungle. On a roulé un petit moment. Je ne disais rien non plus. Et puis ma mère m'a regardée et elle m'a dit :

— C'est bien dommage, quand même, j'avais même pas pris mon sac…

— Et alors…

— Ben, ce pauvre malheureux qui tapait au carreau, je lui aurais donné 10 euros.

Là, j'ai su que le chemin était fait. Pour qu'elle change d'opinion, il avait fallu lui montrer, la confronter à la réalité. Les endroits où les gens sont le plus racistes sont ceux où il n'y a pas d'étrangers, les gens ont peur de ce qu'ils ne connaissent pas.

Je ne l'ai plus entendue dire : « Fais attention à toi », mais : « Alors, ça s'est bien passé ? »

Mon fils ne partageait pas les a priori de sa grand-mère. Sa génération a tout de même été plus habituée à la différence, mais, malgré tout, il était occupé avec sa vie d'ado, assez loin de mon engagement : « Ouais, c'est bien », il lâchait entre deux textos à un copain. Jusqu'au jour où il m'a lancé sans que je lui demande rien :

— J'ai trié mes vêtements là-haut, et j'ai pas mal de trucs pour toi, comme mon blouson de l'année dernière.

— Super ! Mais le blouson de l'année dernière, t'exagères !

— C'est plus la mode.

— Cent vingt euros, il me semble que tu pourrais le garder deux ans, quand même…

— Ah non, je le mettrai plus. T'as qu'à tout prendre, tu leur apportes.

J'ai corrigé :

— Non, tu viens avec moi, *tu* leur donneras.

— Oh non, maman, ça me soûle… La jungle, là…

Parce que c'est vrai que c'était devenu un peu le sujet principal de la maison, et que j'entendais souvent : « Ça va s'arrêter quand ? », « Y a pas que la jungle, dans la vie ! ».

— Florian, une fois ! Fais-moi plaisir une fois ! Tu fais la démarche, tu vas voir comme c'est agréable de donner soi-même.

— J'ai pas envie.

— Promis, tu ne regretteras pas. Fais-moi confiance !

Alors, un dimanche aussi, pour ne pas lui voler son samedi avec ses copains, on est partis avec nos sacs, on est allés à pied au milieu de la jungle. Mon fils jetait à droite à gauche un regard halluciné, sidéré. Et je lui ai dit :

— Tu vois, le gamin, là-bas, le Black ? Il a à peu près ta taille. T'as vu comment il caille ? Donne-lui ton blouson, tu vas voir…

Il restait statufié.

— Va lui donner.

— Ben non, j'ose pas, écoute…

— Pourquoi ?

— Il me fait peur…

— Peur ?

— Oui, avec son turban bizarre, là…

Il se trouve qu'il était afghan, comme une bonne majorité de réfugiés à la jungle – majorité que les Soudanais leur disputaient d'ailleurs. Mon fils a fini par se décider. Il est allé vers le gars, qui a regardé le blouson tendu par mon fils. Il a hésité avant de le prendre. Il n'en revenait pas. Quand il l'a enfilé, son visage s'est éclairé d'un large sourire, il avait la banane ! Il lui a serré la main pour le remercier. Mon fils est revenu, tout fier. Je lui ai fait remarquer :

— Tu vois comment il était content ?

— Grave !

— Et toi, t'es pas content ?

Mon fils a regardé le gars, que le sourire ne quittait pas, caressant fièrement son blouson, et il m'a répondu :

— Si... Grave !

J'avais fini mon boulot avec la famille. Restaient tous les autres. Ma mère avait une copine qui venait souvent boire le café, Denise, qui laissait régulièrement échapper des réflexions qui me déplaisaient. Cette dame blonde toujours très bien mise, qui devait avoir dans les soixante-dix ans, se dévouait depuis toujours à la Croix-Rouge. Pourtant, avec la jungle et les étrangers, il y avait comme un blocage. Un jour, profitant que je passais la prendre pour aller déjeuner ensemble chez la marraine de mon fils, je lui ai dit :

— On va faire un petit détour si ça ne te dérange pas trop parce que j'ai des affaires à déposer à la jungle.

Elle a sursauté :

— Oh ! non, non !

— Y en a que pour cinq minutes.

— Oh ! j'aime pas trop, Béa... Je suis pas trop rassurée...

— T'inquiète...

Le problème, c'est que, n'arrivant pas par la même route que d'habitude, je ne retrouvais plus le chemin de l'école de Zymako, et le GPS n'était d'aucun secours dans le no man's land de la jungle. Alors que je roulais un peu au pif, on a croisé une équipe de Soudanais à qui j'ai demandé mon chemin :

— *School, please ?*

Ils m'ont répondu « *Yes, school !* » et se sont engouffrés tous les deux à l'arrière de la voiture pour nous montrer le chemin, pas très explicable oralement. Devant, j'avais Denise avec son beau brushing, qui en bégayait presque :

— Béa… Qu'est-ce qu'on est en train de faire ? On devait aller déjeuner, et on se retrouve avec deux Noirs sur la banquette arrière !

On roulait dans le sable au milieu des dunes et des tentes.

— Attention, tu vas abîmer ta voiture…

— C'est pas grave. Elle en a vu d'autres.

— Mais… Qu'est-ce qu'ils vont nous faire ? Je veux dire…

— Va savoir… Tu sais, les Noirs… En plus, il faut que je t'avoue : ils n'aiment pas les brunes, ils n'aiment que les blondes, donc je pense qu'ils cherchent à nous orienter vers un petit chemin pour pouvoir te violer, je vois pas d'autre hypothèse.

— Arrête ! C'est pas drôle ! Je te préviens, je ne descends pas !

Arrivée près de l'école de Zymako, je croise une prof, une institutrice en retraite bénévole, je lui donne le matériel, les deux gars sortent et je les remercie. Et qui je vois bondir hors de la voiture ? Denise ! Je lui ai lancé :

— Tu vas où ? T'as dit que tu descendais pas ?

Je regarde alors Denise se jeter dans les bras d'une nana âgée d'une bonne soixantaine d'années, la serrer et commencer à papoter gaiement ! Je m'approche et Denise avait le visage illuminé.

— Alors, ça ! C'est trop fort ! C'est l'ancienne institutrice de ma fille !

Résultat, ça a duré une heure. On est arrivées en retard pour le déjeuner chez la marraine de mon fils. Pendant la suite du trajet, le ton avait complètement changé :

— Alors, c'est là que tu aides si souvent, comme me raconte ta mère ?

— Oui, tu vois, y a des gens très bien.

Denise a continué à se consacrer à la Croix-Rouge sans revenir à la jungle, mais elle avait au moins constaté qu'on ne s'y entretuait pas !

Ma très bonne copine Véronique a, elle, eu droit à un baptême particulier en m'accompagnant pour la première fois, avec son amie Catherine. Elle avait préparé des vêtements, mais, quoique solidaire de la cause, elle préférait se tenir à distance par crainte du danger. En matière de frissons, il se trouve par hasard qu'elle a eu son lot. Le soir tombait sur le camp quand j'ai vu un petit Syrien rôder près de l'école d'art. Il avait besoin d'imprimer les preuves, envoyées via Internet par sa famille, des mauvais traitements qu'il avait subis à Alep. C'était nécessaire pour sa demande d'asile à déposer le lendemain au Legal Center. Sauf qu'il était impossible d'imprimer à la jungle. Je lui ai dit dans mon meilleur « franglais » et en langage des signes :

— Écoute, on va aller à mon bureau dans Calais. Il y en a pour une demi-heure aller-retour et, comme ça, tu pourras les donner demain.

J'ai confié Véronique et Catherine à Alpha et, comme je tardais, il leur a laissé les clés du cadenas de l'école en leur demandant de fermer derrière elles et de donner ensuite les clés à un Soudanais dont la tente était toute proche. Sauf que la nuit est tombée sur la jungle… qui n'était pas éclairée. Toutes seules plongées dans le noir, Véronique et Catherine ont vraiment fait le grand saut pour la première fois dans le camp ! À un moment, elles ont eu un peu peur et se sont demandé si j'allais revenir ou si elles allaient passer la nuit là. Pendant ce temps, moi aussi, j'avais peur… en voyant les preuves sur les photos imprimées du petit Syrien. Ce migrant, mineur, avait été tabassé à un point inimaginable… Quand j'ai récupéré mes deux copines, rien ne leur était arrivé évidemment. Sur le trajet de retour, elles disaient que ce qui les avait le plus étonnées était la bonne humeur que les gens entretenaient contre toute raison. Elles y sont retournées deux fois, une fois seules pour porter du linge et une autre avec moi où nous avons grignoté dans un petit « resto » afghan de la jungle : 6 euros à trois. Comme l'amie de ma mère, il se trouve que Véronique a aussi rencontré une instit qu'elle connaissait qui venait enseigner le français à l'école de Zymako. Une quarantaine d'enseignants bénévoles se relayaient. J'ai ensuite emmené ma nièce, ma copine Cindy y est allée toute seule comme une grande, accompagnée de ses deux enfants… En fait, dès que les migrants n'étaient plus un mot, une abstraction lue dans le journal, ils ne faisaient plus peur.

Malheureusement, je n'ai pas pu emmener tout le monde, ce qui explique sans doute le résultat des élections régionales de décembre 2015 : Marine Le Pen largement en tête avec, dans certaines communes, un score de 70 % ! Grâce à la pression d'associations, petites et grandes, comme Médecins du monde et le Secours catholique, la maire de Calais, de droite, comme la préfète, de gauche, venaient de se voir condamnées en novembre par le Conseil d'État à installer le minimum vital : de l'eau, des sanitaires, l'accès aux soins. Alors, c'est vrai, ils allaient vivre dans le luxe, ces migrants, probablement ! Il y avait de quoi être en colère ! On sentait la pression augmenter au fil du temps, comme dans une cocotte-minute. Et, à côté de ça, les migrants continuaient à affluer : « Encore cent aujourd'hui », nous annonçait le Point infos. Nous, les bénévoles, nous nous posions une question très simple : « Mais comment allons-nous faire ?… »

Chapitre cinq

À la jungle, en 2016, j'étais devenue moi aussi l'un de ces visages que les autres connaissaient, attachée à la Belgium Kitchen où je m'étais tout de suite sentie comme dans une seconde maison. Dès le lendemain de la manif où l'on m'en avait parlé, je les ai rencontrés et ai commencé immédiatement avec une formation accélérée : on m'y a trouvée tous les jours, de 10 à 19 heures, pendant deux semaines, parce que j'étais en vacances. La responsable, Françoise, était une Belge qui venait tous les quinze jours avec des produits frais, rares dans la jungle. Faute de frigos, les denrées étaient difficiles à conserver, mais Françoise y tenait. La nourriture de base était constituée de féculents, d'oignons et de sauces en boîte. C'était une femme énergique et scrupuleuse, qui mettait aussi un point d'honneur à publier sur Facebook les tickets de ses achats, financés par la petite association qu'elle avait mise sur pied. Les bénévoles tournaient, dormant là s'ils habitaient loin, souvent en Belgique, inscrivant leurs heures sur le planning pour les autres. On avait un cuisinier soudanais, un habitant de la jungle, qui préparait les plats sur deux gros « crapauds » à gaz alimentés par des bonbonnes, parce que l'association n'avait pas les moyens de se payer un groupe électrogène. On trimballait les bonbonnes, on allait chercher l'eau aux réservoirs alimentés régulièrement par la mairie. On remplissait les seaux et les bidons pour revenir faire la vaisselle dans de vieux éviers géants récupérés dans les rebuts d'un restaurateur. Les gestes les plus simples étaient une épreuve, dans la jungle. On maintenait les lieux propres grâce au sol qui avait été carrelé : il y avait des représentants de tous les corps de métier parmi les migrants, c'était précieux. Les vivres étaient gardés par les bénévoles dormant là, qui faisaient office de veilleurs de nuit.

J'aimais l'état d'esprit. Il nous est par exemple arrivé de prendre sous notre aile des gamins seuls, Jawal et Amal, deux petits orphelins afghans trouvés sous le pont avant l'entrée de la jungle, avec pour tout vêtement de pluie un sac-poubelle ! J'ai vite sympathisé avec une Belge d'origine asiatique qui venait souvent, Capucine, et avec Ingrid, dont j'ai d'abord pensé : « Super, je vais me faire une nouvelle copine ! » Nous étions toutes les deux célibataires et mères d'un enfant, même si le sien était resté chez son père, à Biarritz, où elle redescendait régulièrement. Elle se présentait comme une journaliste engagée, hyper-concernée par la détresse des errants comme des révoltés, et venait tout droit de la ZAD de Notre-Dame-des-Landes. Je ne pensais pas grand-chose de ce combat-là, que je connaissais mal, mais j'aimais beaucoup sa façon de filmer et de photographier la jungle, où il m'arrivait de la suivre pour la regarder travailler. Elle était respectueuse des gens, ne prenait pas les visages, montrait la vie quotidienne, des mains qui se réchauffaient autour d'un thé, des marmites mijotant au-dessus d'un feu. Elle postait ses vidéos sur Dailymotion et ses photos sur sa page qui n'était affiliée à aucun organe de presse. J'ai compris petit à petit qu'elle ne vivait pas de son activité mais du RSA. On ne se voyait vraiment qu'à la jungle parce qu'elle était assez discrète sur sa vie privée. Il faut dire qu'on se côtoyait quasiment tous les jours, que j'avais un travail prenant et encore des amis en dehors, avec qui je continuais à faire de joyeuses tablées le soir de temps en temps.

En janvier et février, quand les bénévoles et les « pros » de la jungle ont entendu parler de l'imminence d'un démantèlement, c'est-à-dire d'un rasage, de la zone sud, on s'est tous dit que la situation allait devenir hors de contrôle : on ne pouvait pas empiler le double de gens sur la surface nord sans conséquence ! Le but des pouvoirs publics était de diminuer le nombre de migrants, comme si de démolir ce qu'ils avaient construit allait les faire se volatiliser par miracle ! Des semblants de maisons avaient émergé, faites de charpente en bois, de ciment, de blocs de parpaing, certains avaient fait pousser des fleurs ou des légumes. De là à affirmer qu'ils se sédentarisaient comme osaient le dire certains élus, c'était un grand mot ! Le confort restait tout relatif ! Quand on précarise les gens, on ne les éloigne pas, on les met juste en colère. Le but du démantèlement était officiellement de créer une « bande des cent mètres », qui séparerait encore davantage la jungle de la pénétrante de l'A16, grâce à une deuxième rangée de grilles équipées de barbelés et de lames de rasoir.

La préfète qui avait été nommée un an auparavant pour régler le « problème Calais » promettait mille cinq cents places d'hébergement en implantant des containers de huit personnes où elles dormiraient bien rangées, mais au moins au chaud et en sécurité, c'est vrai. Sauf qu'il en serait installé mi-janvier pour seulement cinq cents personnes, et plus aucun après, alors que les migrants étaient estimés à quatre mille à cette époque ! Et que le mode de vie communautaire des migrants, qui pouvaient se serrer les coudes autour d'un thé, était peut-être aussi leur seul réconfort. Le nouvel agencement, horizontal, très rationnel, rappelant des wagons couchettes et des rayons de supermarché, n'allait pas vraiment dans ce sens. On pourrait tout juste se glisser dans son lit. Surtout, on ne pourrait y entrer que par reconnaissance biométrique. Tous redoutaient un piège, se retrouver fichés, « dublinés », obligés de rester en France.

On était tous vraiment choqués que, après avoir été condamnés à offrir des conditions de vie moins indignes en novembre 2015, les pouvoirs publics se soustraient indirectement à leurs obligations en coupant la jungle en deux, moins de deux mois plus tard. Mathématiquement, le compte était bon ! Le 23 janvier, il y a eu une immense marche de protestation, avec deux mille cinq cents personnes partant de la jungle pour aller jusqu'en ville à quatre kilomètres. La réalisatrice Yolande Moreau, qui préparait un très beau documentaire pour Arte, s'était jointe au cortège. Tout allait bien jusqu'au centre-ville, mis à part un Calaisien sorti nous menacer sur le pas de sa porte avec un fusil – la routine –, jusqu'au moment où les No Borders ont réussi à exciter une cinquantaine de migrants qui ont pris d'assaut un ferry, semant la pagaille sur le port de Calais. Ils ont été bons pour le centre de rétention et les No Borders, pour une garde à vue dont ils avaient l'habitude. Pour l'image des migrants, c'était dramatique et c'était un bon argument pour l'extrême droite, tout comme le tag « NIKE LA FRANCE » sur la statue du général de Gaulle réalisé au moment où la manifestation se dispersait. Voilà qui apportait de l'eau à leur moulin. Il était pourtant évident qu'il ne pouvait s'agir de migrants : la plupart ne parlaient pas du tout français encore moins l'argot ! La photo de la dégradation a fait le tour du pays, mais personne n'a évoqué les deux mille personnes qui avaient défilé calmement durant plusieurs heures. Dans l'esprit des gens, l'amalgame « Migrants/Nike la France/Attaque des ferrys » serait automatique.

Quinze jours plus tard, les anti-migrants organisaient à leur tour une manifestation avec le soutien du mouvement Pegida, une association née en Allemagne regroupant des « Européens patriotes contre l'islamisation de l'Occident », connus pour leurs thèses xénophobes et leur conception musclée de la politique. La préfecture a interdit le rassemblement prévu le 6 février, date anniversaire d'un coup d'État fasciste à Paris qui s'était terminé dans un bain de sang en 1934, tout un symbole. Une centaine d'agités sont tout de même descendus dans la rue, vingt bénévoles de la jungle leur faisaient face pour qu'ils ne soient pas seuls à occuper le terrain. Ils hurlaient en direction des forces de l'ordre : « La police avec nous », à quoi les flics répondaient dans leurs haut-parleurs : « La manifestation est strictement interdite par ordre du préfet. Je vous prie de quitter les lieux, et de rentrer chez vous. » Ils s'en fichaient pas mal, ils attendaient leur héros, un vieux militaire : le général Piquemal. C'était un ancien « para » retraité de soixante-quinze ans, président du « Cercle des citoyens patriotes », un groupe ultraraciste et d'ultra-droite. Lui aussi était venu crier sa haine dans le mégaphone. Manque de chance, leur star aux propos intolérables et quasi délirants a été embarquée et radiée les mois suivants des cadres de l'armée par le ministère de la Défense.

C'est à cette manif que j'ai rencontré Joe. Il s'est présenté comme un bon père de famille qui aidait dans la jungle le week-end et le soir après son boulot. Je serais amenée à le revoir…

La haine qui montait dans Calais n'était pas propice à décourager la préfète de donner le feu vert pour le démantèlement. En plus des tentes et des baraques, les migrants avaient leurs repères dans la zone sud : la Maison bleue et l'école d'art d'Alpha, l'école de Zymako, l'église, le Legal Center, la tente télé, les coins restaurants ou petites cafétérias où ils pouvaient boire un thé et recharger leurs portables. Le 18 février, Médecins du monde, Emmaüs, le Secours catholique, le Secours islamique, la Cimade, ATD (Agir tous pour la dignité) Quart Monde, Terre solidaire et toutes les petites associations locales présentes sur place ont demandé un délai au ministère de l'Intérieur. Mais, le 1er mars, ils ont « évacué ». C'est-à-dire tout détruit, tout réduit en miettes, à coups de bulldozer. Les pouvoirs publics avaient redouté le drame, donnant l'ordre aux CRS de filtrer sévèrement l'entrée de carburants de peur des émeutes ou de départs d'incendie. Du coup, on ne pouvait plus alimenter les groupes électrogènes. Il y avait encore moins de lumière, encore moins de chaleur, et c'était la cohue pour recharger les portables ! Quelques-uns feintaient : ils se rendaient en mobylette – bien déjà rare – à la station-service, le réservoir vide, à deux kilomètres, puis, une fois le plein fait, de retour au camp, ils siphonnaient la mobylette. C'était toute une organisation.

La semaine du démantèlement, entre le 26 février et le 1er mars, est arrivée une armada de forces de police et de journalistes, cette fois bien présents, comme le Petit Journal de Canal + qui s'était installé sur place. Certains réfugiés montaient sur leurs cabanes pour ne pas qu'elles soient détruites. Les CRS les y rejoignaient, ce qui donnait lieu à de véritables combats, corps à corps, inégaux puisque les CRS disposaient de matraques et de gazeuses. Les CRS ont écrasé les soulèvements de dizaines de personnes à coups de grenades lacrymogènes et de canon à eau, les migrants ont jeté des pierres. Il y a eu des incendies, dont quelques No Borders ont été accusés avant d'être relaxés par le tribunal. J'ai entendu dire dans certains médias que les mises à feu étaient volontaires, une « tradition » prétendue de ces étranges peuplades d'où étaient issus les migrants. C'était évidemment faux. Il se trouve qu'une grenade est tombée sur une cabane, les bonbonnes de gaz entreposées ont explosé, le capharnaüm a fait le reste. Pendant plusieurs jours, j'ai vécu la guerre en miniature, mais une guerre entre des gens qui pouvaient tout, avec leurs bulldozers et la loi de leur côté, et d'autres qui ne pouvaient rien, désarmés dans tous les sens du terme.

Certains luttaient, d'autres pleuraient. Des bénévoles, français et anglais, aidaient à démonter tentes et cabanes en urgence, à sauver tout ce qui pouvait l'être pour tout transporter dans la zone nord. Ce sont les quartiers érythréens et éthiopiens, les plus proches de l'A16, qui ont payé le prix fort. Je voyais, depuis la Belgium, située dans la zone nord, passer les 4 × 4 d'Anglais bénévoles équipés de plateaux-remorques chargés jusqu'à la gueule. Certains rapportaient de vieilles caravanes qui remplaceraient les abris détruits. La Maison bleue d'Alpha avait été sauvée, démontée après qu'il eut remué ciel et terre pour que son petit bijou soit épargné. Il en a appelé à Maxime Le Forestier, qui l'a rachetée pour la faire remonter, je crois, dans un centre d'art à Romainville, en Seine-Saint-Denis. Quant à l'église, quand les chrétiens se sont mis à prier devant, les ouvriers n'ont pas eu le cœur de passer dessus avec leurs bulldozers. Ils ont consulté la préfecture qui a demandé aux fidèles de démonter. Ils l'ont fait durant les jours suivants, donnant leurs petits trésors à d'autres églises et gardant une partie pour se reconstituer un lieu de culte dans la zone nord, moins beau évidemment. À la fin ne restait qu'un spectacle de désolation. Le plus gros avait été emporté dans des bennes, ne subsistaient à terre que des loques et des jouets, des casseroles et des morceaux de meubles. Une horreur.

Après ça, comme après une guerre, l'ambiance a complètement changé à la jungle. L'heure était à la peine, à l'évaluation des dégâts, à la reconstruction. Autour de la Belgium, pendant plus d'une semaine, on entendait retentir les coups de marteau pour remonter les ossatures en bois des baraques ; on voyait les gens serrer leurs tentes les unes aux autres dans le moindre espace vacant. Migrants et bénévoles n'arrêtaient de travailler qu'avec l'arrivée de la nuit. Empiler les gens avait une conséquence indirecte, à laquelle les pouvoirs publics n'avaient pas pensé : les ethnies étaient mélangées, exacerbant encore les tensions, et les équipements étaient insuffisants. La même quantité pour le double de monde, ça aussi, c'était mathématique. Nous, les bénévoles, on se disait : « Les migrants sont à cran. Un jour, ça va péter ! »

C'est à ce moment-là que les Iraniens se sont cousu la bouche.

On a cru qu'on allait les perdre. Leur grève de la faim pendant presque un mois a tout de même ému les décideurs. Ils ont récolté des promesses, après quoi ils sont partis on ne sait où, vers leur destin. J'étais certaine de ne jamais les revoir, de ne jamais savoir ce qu'ils étaient devenus, comme d'habitude. Je ne pensais même plus à l'homme au regard si doux.

J'ai continué à prêter main-forte à la jungle et suis même allée une fois voir comment ça se passait au camp de Grande-Synthe, sur le conseil d'une fille cadre qui aidait les réfugiés à remplir leurs papiers. Elle m'avait prévenue : « Tu verrais là-bas, la bouillasse… c'est l'horreur, pire que Calais. » Elle avait raison. Quand je suis arrivée là-bas, un gendarme a tout de suite désigné mes bottes en cuir d'un air dubitatif :

— Vous comptez rentrer avec vos petites bottes, là ?…

— Bah, oui, j'ai répondu.

— Ben… bon courage !

Je suis entrée dans le camp, mais il était juste impossible d'avancer : je m'enfonçais de dix centimètres dans la boue à chaque pas ! Un migrant est passé alors devant moi, avec une petiote d'environ trois ans dans les bras. Là, mon regard est tombé sur ses pieds… ils étaient nus ! En plein hiver ! Je lui ai fait signe de ne pas bouger, je suis ressortie vite fait pour aller à ma voiture, parce que j'avais le souvenir qu'on m'avait donné des bottes d'une pointure enfant. Quand le gendarme m'a vue passer au pas de course, il a ironisé :

— Visite de docteur !

— Non, pas visite de docteur ! J'ai une voiture à décharger, donc je vais déjà aller récupérer une partie des affaires. Et je préfère vous prévenir, vous allez me voir traverser et faire des allers-retours un bon bout de temps !

La première chose que j'ai faite, ç'a donc été de mettre les bottes à la gamine, que son père a pu poser par terre. Elle était tout heureuse de pouvoir courir dans la boue, à se demander depuis combien de temps ça ne lui était pas arrivé. Un bénévole m'a ensuite servi de guide, m'emmenant au plus pressé, jusqu'à une jeune maman qui avait des jumeaux de trois mois. Je lui ai tendu les deux gigoteuses que j'avais, et elle m'en a rendu une. Je l'ai regardée avec un air interrogateur.

— *No ?* lui ai-je demandé en levant l'index et le majeur.

J'ai fini par comprendre qu'elle voulait n'en prendre qu'une sur les deux pour ne priver personne ! Je l'ai forcée évidemment. Elle m'a remerciée avec le même sourire que si je lui avais offert un château. En enfer, on trouvait de la gentillesse, et c'est elle qui nous faisait tenir.

Une quinzaine de jours s'étaient écoulés depuis le départ de Mokhtar et des autres, quand une bénévole de la jungle m'a posé une question qui n'avait a priori aucun rapport avec les Iraniens, et qui allait pourtant m'en ramener le souvenir :

— Tu connais Ingrid ? Tu sais, la journaliste…

— Bien sûr ! On bosse ensemble à la Kitchen.

— Écoute, tu pourrais lui rendre un service ? Elle voudrait se poser un peu pour faire son montage vidéo. Parce que, dans les conditions de vie à la jungle, tu imagines, elle ne s'en sort pas… Est-ce qu'elle pourrait venir chez toi quelques jours, le temps de faire son boulot ?

Je ne comprenais pas qu'Ingrid ne m'ait pas posé elle-même la question puisque je la voyais plusieurs fois par semaine, mais le problème n'était pas là. Le problème, c'est que j'ai beau être « chez moi », c'est tout de même ma mère qui s'occupe de tout dans la maison, et des repas notamment. En plus, dans la journée, j'étais au centre de formation à donner mes cours, ce qui revenait à imposer à ma mère la présence d'une inconnue en mon absence. J'ai répondu :

— C'est pas plus simple chez toi ? T'es sur Calais. C'est plus près si elle doit aller à la jungle tous les jours…

— Oui, mais moi, il y a mon mari, la vie de famille, alors déjà que l'appart n'est pas grand…

— OK, je comprends. Bouge pas…

J'ai posé la question à ma mère, qui entendait régulièrement parler d'Ingrid et que l'idée d'avoir une personne de plus à table n'inquiétait pas vraiment, bien au contraire. J'ai donc conclu :

— Ça marche, maman est OK. Ingrid sera bien installée, au calme, à la campagne. Tu lui donnes mon numéro, qu'elle m'appelle, je ne comprends même pas qu'on ne se le soit pas déjà échangé d'ailleurs, c'est idiot.

Le lendemain, Ingrid arrivait à la maison pour travailler, avec Capucine, l'autre bénévole que j'aimais bien. Elle n'était pas prévue, mais, après tout, ce n'était pas un problème. Quand je suis rentrée du boulot, j'ai trouvé ma mère qui avait déjà bien sympathisé avec Capucine.

— Elle est drôlement polie, cette fille !

J'aurais dû deviner au penchant de ma mère pour Capucine – une chouette fille, c'est vrai – qu'elle n'avait pas la même opinion d'Ingrid.

— Et Capucine, elle vient de Belgique pour aider ?

— Bah, oui, maman ! Il y en a même qui arrivent de Londres, tu sais, surtout en ce moment, pour essayer de réaménager le bordel de la zone nord, on n'est jamais trop.

— Ah, c'est bien, c'est vraiment bien…

Ma mère restait fascinée par la solidarité des gens. Elle n'aidait pas à la jungle parce qu'elle avait soixante-quinze ans, mais ça la rassurait qu'on ne laisse pas les migrants dans la panade. Elle s'était pour ainsi dire attachée à leur sort à force de m'entendre en parler.

Ce premier jour, Ingrid avait bien travaillé, elle était contente, et elle m'a tout de suite annoncé :

— Je ramène Capucine dormir à la jungle parce qu'elle est sur le planning de demain de bonne heure. Moi, écoute... Je reviendrais bien dormir si ça ne t'embête pas. C'est dur la jungle toutes les nuits.

— Mais bien sûr ! Pas de problème.

— Ah, c'est super sympa ! s'est-elle exclamée toute joyeuse. Alors, je laisse mon ordi !

— Oui et, comme ça, tu seras sur place demain pour bosser, moi, je pars travailler tôt, tu ne perdras pas de temps.

Je lui ai laissé ma chambre en haut, comme je fais toujours quand il y a des invités, et j'ai dormi dans le sous-sol. La nuit s'est donc ajoutée au jour, puis, de fil en aiguille, jusqu'au troisième jour, ça ne semblait pas près de s'arrêter. Ma mère servait les repas, Ingrid n'aidait pas. Elle était très absorbée par son travail, j'essayais de le comprendre. Elle continuait à aller à la jungle deux ou trois heures par jour et revenait comme si elle était chez elle.

Quand je suis rentrée un soir, elle avait une nouvelle petite demande :

— Dis-moi, tu vois qui c'est le petit Égyptien, mon protégé ?

— Oui, très bien.

C'était un jeune gars bien bâti et sportif, avec un regard très noir, qui avait l'air d'avoir l'âge de mon fils. Il n'avait pas de famille à la jungle et je me suis toujours demandé comment il avait atterri là, alors qu'il était égyptien, un pays avec un régime autoritaire, certes, mais pas en guerre. Le père avait apparemment perdu son travail et ne pouvait plus subvenir aux besoins de sa famille, mais pourquoi ce gamin s'était-il enfui tout seul ? En passant par quel biais, alors qu'il n'y a pas de filière égyptienne, ni de nécessité réelle ? Je n'en ai jamais rien su. Il parlait quelques mots d'anglais, traînait son ennui dans la jungle, sans respirer particulièrement la détresse. Sa présence dans le camp paraissait comme décalée. Ingrid a su m'amadouer :

— C'est un peu mon bébé. Ça t'embêterait que je le ramène pour qu'il prenne une bonne douche bien chaude, ce soir ?

— Non, bien sûr, ça lui fera du bien, au contraire.

Ingrid est allée le chercher à la jungle et le petit a pris sa douche, après quoi on a dîné, évidemment. Entre Florian, ma mère, Marie ma copine instit, Denise la copine de ma mère, Ingrid et son protégé, ça faisait une grande tablée, avec une belle ambiance. Le gars ne parlait pas puisqu'il ne connaissait d'autre langue que la sienne, mais on sentait qu'il était bien et ça faisait chaud au cœur. Il avait pris une douche chaude, enfilé des vêtements propres et s'était installé après le bon repas de ma mère, à la viande halal s'il vous plaît, devant la télé. Il regardait un bêtisier qui se passe de sous-titres avec un plaisir visible. Et puis comme il était dans les 21 heures, que la nuit était tombée, et qu'il y avait quand même vingt kilomètres pour Calais, j'ai proposé naturellement :

— Écoute, il n'a qu'à rester là pour la nuit. Dans la chambre de mon fils, il y a un matelas pour ses potes quand ils viennent dormir. Ce sera plus simple.

L'Égyptien a donc dormi là, sur un matelas, dans ma chambre qui était devenue celle d'Ingrid. Elle a fini par le ramener à la jungle le lendemain. Et ce soir-là, une petite chose dans la personnalité d'Ingrid m'a chiffonnée, en dehors du fait qu'elle était visiblement sans-gêne. Il lui arrivait de se couvrir les cheveux d'un foulard : « Je me suis convertie à l'islam », m'avait-elle expliqué. Très bien, moi, je m'en fiche. Mais sitôt le petit Égyptien parti, ma mère a passé la tête hors de sa cuisine alors qu'on regardait nos ordinateurs sur la table de la salle à manger. Le saladier en main, battant des œufs, elle a lancé gentiment à Ingrid :

— Je fais de l'omelette, mais ne vous inquiétez pas, je vous en fais une aux herbes. Parce que, dans la nôtre, on met du lard.

Elle faisait naturellement allusion à l'interdit du porc dans l'islam, mais Ingrid a répondu très spontanément :

— Ah non, pas de souci, faites comme pour vous !

Ma mère et moi, on s'est regardées, sans savoir quoi penser. Et quand ma mère est arrivée avec l'apéritif, elle a glissé à Ingrid qui avait décliné tout alcool la veille encore :

— Je ne vous sers pas d'alcool, j'imagine...

— Si, si, allez-y, a répondu Ingrid.

Et elle a bu son coup. Autrement dit, elle était musulmane avec les musulmans, mais moins dès qu'ils avaient le dos tourné. Je me suis dit : « Bon, ça doit être l'islam light. » Elle est encore restée quelques jours, avant de partir à un rendez-vous avec la télé suisse à qui elle espérait vendre son reportage sur la jungle. Puis elle est revenue s'installer. C'est à peine si elle me consultait désormais concernant son séjour. J'attendais la suite, qui est venue :

— Pour les vacances de Pâques, je vais descendre voir mon fils à Biarritz. En plus, je suis expulsée de chez moi…

— Ah bon ?

— Oui, on me coupe mon RSA.

— Mais c'est dégueulasse !

— Oui, c'est parce que je ne peux pas m'acquitter des obligations qui vont avec, il faudrait que je sois sur place. Seulement, je suis à la ZAD de Notre-Dame-des-Landes pendant des semaines et ensuite à Calais, tu comprends, le terrain, c'est un devoir. Une mission.

Je trouvais ça honorable. Il en faut, des comme ça ! Elle a ajouté sans angoisse :

— Enfin, c'est que des biens matériels, c'est pas grave. Je vais donner mes affaires à mon voisin d'en face sur le même palier. Par contre, si je pouvais te laisser le peu que j'ai… Parce que je ne voudrais pas encombrer la Belgium.

— Mais évidemment !

Au fil des jours, elle avait fini par entreposer tout un barda au sous-sol, au point d'en occuper la moitié avec de gros sacs contenant des vêtements, du linge, mais, la pièce couvrant toute la surface de la maison, ça ne me gênait pas plus que ça. Ce qui me gênait davantage, c'est qu'elle aidait très peu ma mère, et que mon fils commençait à compatir : « Elle ne se bouge pas beaucoup, ta copine… » Moi, j'observais.

Je me disais qu'elle avait déjà assez de difficultés comme ça sans en rajouter avec des remarques désagréables. Je ne comprenais pas tout à sa vie, mais, un jour, elle m'a confié sur le coin de la table où on travaillait :

— Tu te souviens des mecs qui s'étaient cousu la bouche ?

— Oui, évidemment !

J'essayais d'oublier, mais je me rappelais très bien !

— Il y en a un, je le kiffe trop. Dara, tu vois lequel c'est ?

Je n'en voyais qu'un, à vrai dire, c'était Mokhtar, dont j'ignorais le prénom. Lui, je l'aurais reconnu entre mille et j'étais certaine de ne jamais l'oublier de ma vie.

— Dara ? Non, pas du tout.

— Il est tatoué, tu sais… La couronne dans le cou !

— Ah, oui ! Mais son visage… J'ai oublié.

— Attends, je vais te le montrer.

Elle s'est connectée sur Facebook et a affiché la photo de Dara, en me demandant les yeux tout brillants :

— Tu trouves pas qu'il a quelque chose ?

— Oui, c'est un beau mec… dans le genre mauvais garçon avec des tatouages. Pas mon style, quoi !

— Moi, j'adore. De toute façon, quand je descends à Biarritz, je pense que je vais aller les voir.

— Ah bon ? Mais où ? Qu'est-ce qu'ils font à Biarritz ? Je croyais que tout le monde avait perdu leur trace.

— Non, ils sont à Bilbao.

— À Bilbao ! En Espagne ?

— Ben, oui ! Ils sont descendus avec une fille en voiture, parce que ce sera plus simple pour eux de passer en Angleterre depuis Bilbao.

Franchement, pour aller en Angleterre, je ne trouvais pas que c'était le chemin le plus court. Je savais que les Iraniens avaient traversé la Méditerranée, l'Allemagne, étaient passés par Metz, direction Calais, mais Calais-Bilbao... Ingrid a continué :

— Écoute, je crois qu'ils sont dans un squat.

— Un squat ?

— Oui, un squat béton, avec peut-être des mecs de l'ETA. Enfin, c'est ce qu'on m'a dit.

Je ne voyais pas le rapport entre l'Angleterre et l'ETA, l'organisation terroriste basque. Quelquefois, je me demandais si Ingrid n'était pas un peu mytho, mais, en même temps, on entendait tout, dans la jungle, des bribes d'histoires sans queue ni tête. En tout cas, ce que je retenais, c'est que les élans sentimentaux avaient l'air plus simples dans la tête d'Ingrid que dans la mienne, moi qui n'osais même pas m'avouer à quel point Mokhtar m'avait plu ! De toute façon, je ne le reverrais jamais.

Avant de partir à Biarritz, Ingrid devait passer à la jungle récupérer des affaires et elle aurait bien aimé proposer à l'Égyptien une dernière nuit au chaud : comment aurais-je pu refuser ce petit geste alors que sa protectrice allait partir plusieurs jours ? Ingrid m'a désigné son ordinateur sur la table avant d'aller le chercher en me lançant :

— Regarde le reportage, si tu veux. Il est fini. Je reviens tout à l'heure.

J'ai visionné le reportage, ma mère près de moi, et franchement, c'était super bien. Sur la table, Ingrid avait laissé à côté de l'ordinateur une boîte en fer, comme une boîte de caramels, ornée d'un autocollant « *Refugees welcome* ». Dessus, on voit un tapis rouge qui débouche sur une plage, comme au Festival de Cannes. J'ai dit à ma mère, l'esprit léger :

— Oh, regarde, elle a le même autocollant que moi !

Et, dans la foulée, j'ai soulevé le couvercle. Et là, je vois… des billets violets ! Des billets de 500 euros ! Une liasse roulée !

Ma mère a laissé échapper une exclamation :

— Waouh ! Dis donc… Il n'y a pas un souci, là ? Elle te dit qu'elle est au RSA, expulsée, et, là, il y a combien ?

Il y avait entre 3 000 et 4 000 euros. Ma mère a continué :

— C'est bizarre, elle nous connaît à peine et elle laisse traîner ça sur la table, comme si c'était rien…

— Oui… Y a un truc qui va pas.

J'étais embarrassée, en plein malaise. Ingrid était partie précipitamment après un échange de textos avec le gamin, ce qui expliquait sans doute qu'elle ait tout laissé en plan. Mais rien ne justifiait en revanche qu'elle soit en possession d'une telle somme. Je faisais une tête pas possible, cherchant une hypothèse, mais il y en avait trop, et pas des plus réjouissantes. En dehors des passeurs professionnels, l'appât du gain faisait parfois fléchir l'honnêteté des meilleurs, des bénévoles, anglais ou français, calaisiens ou banlieusards, de faux associatifs, quiconque avait besoin d'argent ou ne pouvait résister à la tentation d'un petit service payant. Est-ce qu'Ingrid avait aidé au passage des Iraniens ? Est-ce qu'elle avait été payée pour un reportage en liquide ? La seule chose que je savais, c'est que ça ne me plaisait pas. Je repensais à Bilbao, à cette histoire d'ETA... Je commençais à me demander dans quoi j'étais allée me fourrer. Ma mère en a profité pour enchaîner :

— Au fait, elle est bien gentille, ta copine, mais elle avait dit qu'elle restait trois jours, et là, ça fait dix jours. Et jusqu'à quand ? Ce matin, tu sais ce qu'elle a fait ? Elle est arrivée avec son linge sale, elle me l'a posé à côté de la machine, et puis voilà ! Elle est repartie sans un mot. Alors, moi, tu comprends, je lui lave ses affaires, je les lui mets au sèche-linge, je les lui plie, je veux bien, mais elle pourrait m'adresser la parole, quand même...

— Hein ? OK, ça va pas durer longtemps. On m'a demandé de dépanner, j'ai dépanné, mais je vais mettre le holà.

Je suis gentille, mais ma mère, c'est ma mère, et elle est précieuse !

Quand Ingrid est revenue avec le petit Égyptien, je l'ai accueillie froidement. J'ai prétendu être fatiguée et ma conversation ce soir-là était nettement moins animée que d'habitude. J'avais comme un gros doute, et l'envie pressante de la voir déguerpir. La confiance était brisée, remplacée par une franche suspicion, voire une angoisse : je n'avais pas envie d'être tenue pour complice de je ne sais quoi. Ils sont partis se coucher pendant que j'allais dormir en bas. Le matin, je suis montée faire le café depuis mon sous-sol, et le chat s'est glissé entre mes jambes pour emprunter l'escalier qui conduit aux chambres. Évidemment, l'un des chiens a suivi. Je grimpe pour aller récupérer tout ce beau monde et le chien, comme par hasard, s'engouffre par la porte de ma chambre, qui était restée entrouverte. Là, qu'est-ce que je vois ? Encore aujourd'hui, j'ai du mal à y croire. Le gamin était torse nu, dans mon lit, le matelas où il était censé dormir par terre absolument vide. Et elle… je ne la vois pas. Jusqu'au moment où je pousse la porte pour rattraper le chien et où je distingue une masse de la taille d'un corps et des pieds dépassant des couvertures. Je ne vous fais pas un dessin. J'étais… sidérée ! Mon regard et celui du garçon se sont croisés, lui aussi gêné que moi, j'ai attrapé le chien et j'ai filé.

Sous le choc, je suis redescendue avec mes bêtes, et j'ai récapitulé :

— Donc… elle a la cinquantaine, elle se tape sous mon toit un gamin, elle a des liasses de billets alors qu'elle a soi-disant pas un rond, et j'en passe. La nénette, elle est pas claire, va falloir qu'elle s'en aille très vite !

Quand ils sont descendus à leur tour pour le café, le pauvre garçon n'arrivait pas à croiser mon regard et, elle, il valait mieux que je ne croise pas le sien ! Quand elle est partie à la jungle, j'ai respiré et je me suis souvenue de ce dont elle avait osé se vanter : son rôle de mère protectrice auprès de son « bébé » ! Elle m'avait dit l'encourager à regagner son pays, avoir essayé de le faire passer en Belgique, l'avoir emmené à Biarritz chez ses parents, où son frère raciste les avait forcés à partir sans nulle part où aller. Elle m'aurait presque tiré des larmes. En clair, j'avais nettement l'impression de m'être fait avoir.

Je suis partie au boulot hors de moi en me disant : « Ce soir, je rentre et je la fous à la porte ! » Ma mère m'a confirmé qu'elle n'allait pas la regretter.

Sauf que, quand je suis revenue, maman m'a dit :

— Ingrid est partie en vacances à Biarritz.

— Avec ses affaires, j'espère ?

Je suis descendue au sous-sol et, bien sûr, elle m'avait tout laissé ! Quant à l'Égyptien, elle l'avait redéposé à la jungle, comme un objet. Ma mère, qui a pourtant bon caractère, s'est montrée très claire :

— Je te préviens, je ne la veux plus !

— T'inquiète pas, moi non plus !

J'ai évité de raconter à ma mère la scène du lit. Je pense qu'elle ne s'en serait pas remise. Mon fils est rentré de l'école et y est allé de son couplet catégorique :

— Ta copine, je te préviens, je veux plus la voir ici !

Ce n'était ni son genre ni son ton. Il avait l'air si remonté que j'ai posé deux ou trois questions innocentes pour vérifier qu'il n'avait pas assisté à une scène du genre de la mienne, ou entendu des bruits équivoques, étant donné qu'il dormait dans la chambre d'à côté.

— Pourquoi tu parles comme ça ?

— Parce que… Je sais pas, mais… Toi, t'es ma mère… Tu mets des tenues pour dormir, tu vois ? Ben, il y a tenue pour dormir et tenue de pute !

— C'est-à-dire ?

— Ben, c'est-à-dire que sur son lit, elle laisse traîner des machins noirs, là, avec des rubans [des guêpières, j'imagine], alors tu comprends, ça traîne sur le plumard, j'ai mes potes qui viennent dans ma chambre, ils vont tomber là-dessus, et je veux pas que ma mère passe pour une pute !

Mon fils avait des idées très arrêtées sur la question. J'ai répondu :

— OK, gamin, je comprends, et t'as raison. T'inquiète, de toute façon, on a tous une mauvaise opinion d'elle, pour plein de raisons. Donc, elle repassera prendre ses affaires, mais elle ne restera pas, vous pouvez me faire confiance !

Les jours suivants, pendant les vacances de Pâques, le calme est progressivement revenu à la maison, sans le moindre coup de fil d'Ingrid, ni de Biarritz ni d'Espagne. Mon impression se confirmait : elle n'avait vraiment aucune considération pour les gens. Et puis un soir, dans le groupe de discussion, une rumeur à son sujet me revient aux oreilles : elle aurait demandé 450 euros contre des compresses et du sérum physiologique pour la jungle, alors que ça vaut quelques euros ! J'ai préféré croire que c'était de la médisance…

Quelques jours plus tard, le 5 mai à minuit, j'ai reçu un message groupé de Joe, le bénévole rencontré lors de la manif Pegida. Depuis, je l'avais recroisé à la jungle plusieurs fois, souvent accompagné de sa femme, Sonia, une nana adorable.

— Il me faut quelqu'un pour une traduction anglaise, ça urge. C'est à propos des Iraniens. Il y en a qui ont un souci, mais je ne comprends rien.

J'ai répondu :

— Moi, tu m'as vue à l'œuvre, avec mon anglais de vache espagnole, c'est pas la peine.

Bertrand, un bénévole de la première heure à la jungle, rencontré lui aussi dans une manif avec sa compagne Pauline, répond :

— Envoie. Pauline est avec moi, elle parle bien anglais, elle va s'en occuper.

Joe nous envoie alors les captures d'écran des Iraniens qui commençaient leur message par « *We need help !* ».

L'histoire était invraisemblable, comme toutes les histoires de passage clandestin que l'on pouvait entendre dans la jungle, souvent rocambolesques. Trois des « bouches cousues » avaient été mis en contact avec une relation d'Ingrid. La fille leur avait promis le passage dans des caravanes d'Anglais qui rentraient en Angleterre depuis l'Espagne, au départ de Bilbao. Mais, une fois que la passeuse les avait délestés de 1 000 euros chacun obtenus de leur famille par un virement Western Union, elle les avait laissés dans un appartement à Bilbao, tenu par des gens bizarres : membres de l'ETA ? No Borders ? Autres ? On n'a jamais su. Des gens qui, en tout cas, profitaient de leur détresse. Les Iraniens étaient depuis séquestrés dans cet appartement, sans être nourris d'autre chose que d'un bol de lentilles. J'en étais malade parce que les gars sortaient tout de même d'un mois de grève de la faim ! La porte était verrouillée, ils devenaient fous, n'obtenaient aucune réponse de leurs geôliers et devaient rester dans leur chambre. Dara s'était révolté la veille en fonçant droit sur le frigidaire où il s'était emparé d'un morceau de viande. Là, l'affaire avait tourné au pugilat. Dara avait été menacé et s'était battu. Les types avaient promis de les jeter à la rue le lendemain, sans argent, sans papiers. Ils imploraient l'aide de Joe, le contact qui leur semblait le moins pourri de la jungle.

J'étais effondrée pour les Iraniens et préoccupée par le cas d'Ingrid… J'ai commenté :

Si c'est la même histoire que les billets violets, j'espère que… Je me pose des questions. Et ça colle dans les dates. Faut vraiment se capter chez Bertrand et Pauline car j'ai besoin d'infos.

JOE : *Je viendrai samedi si elle est pas là, je veux pas être mêlé à ses magouilles.*

BERTRAND : *Personne veut être mêlé à ses magouilles, il faut qu'on se voie entre nous.*

MOI : *On en parle tous, samedi, parce que j'ai plus que les boules, quinze jours à la maison, engueulade avec mes proches, j'ai eu la totale. On regroupe toutes nos infos en direct chez Bertrand et on avise.*

JOE : *Je prends les Iraniens chez moi, et je ne demande rien, mais si elle leur a pris de l'argent je prends personne.*

Effectivement, c'était prudent. Si le passage avait été monnayé, il pouvait également être pris pour un passeur en cas de démêlés avec la police.

Finalement, Joe, qui me semblait avoir le cœur sur la main, a récupéré deux des trois Iraniens le surlendemain, le troisième ayant choisi de rester dans le Sud pour tenter sa chance. Je ne savais pas lesquels des neuf étaient remontés de Bilbao. Je me disais qu'avec un peu de chance… Mais non, c'était impossible ! Et puis c'était ridicule d'y penser. Au bout de quelques jours, Joe m'a proposé de passer chez lui prendre le café le samedi après-midi, à une vingtaine de kilomètres de chez moi, vers Le Touquet. J'ai accepté évidemment, et Joe m'a envoyé un message amusé :

Dis donc, il y en a un qui t'aime bien ! Quand je lui ai dit que j'avais invité une copine de la jungle, il ne voyait pas trop qui tu étais, mais quand je lui ai montré ta photo… Il se souvenait très bien ! Il est super content que tu viennes prendre le café !

J'ai décidé que j'étais sourde. Encore une fois, c'était un migrant plus jeune que moi dont le rêve unique depuis des mois était de passer en Angleterre !

C'était la première fois que j'allais chez Joe et Sonia, qui incarnaient vraiment la famille modèle sympa. Lui a un look décontracté, avec une petite barbe de trois jours, elle est une blondinette à lunettes. Ils ne sont pas riches, mais leur maison respirait la joie de vivre, avec une véranda ouvrant sur le jardin où gambadait un cocker et où trottaient poules et canards. J'ai embrassé Joe, sa femme, et ils m'ont fait entrer dans leur maison joliment tenue pour m'asseoir à table devant un café. Au fond, dans le salon, la télé allumée, et devant sur le canapé… l'Iranien au regard si doux ! Avec son copain tatoué avec la couronne, mais je n'en ai vu qu'un ! Là, ça a été un choc. Il m'a semblé que le visage de Mokhtar s'éclairait en me voyant, mais j'ai fui son regard, les yeux rivés sur le sucrier… Tout de suite, Mokhtar est venu s'asseoir à côté de nous, un sourire jusqu'aux oreilles, pendant que Dara restait sur le canapé. Je ne pouvais plus éviter son regard. Et je n'avais pas changé d'avis.

Joe m'a expliqué qu'il cherchait des solutions pour un passage en camion, quelles étaient les différentes options. Mokhtar ne comprenait pas un mot et, Joe ne parlant pas anglais, je traduisais ce que je pouvais. Mokhtar m'interrompait souvent pour dire « *Good perfume ! Coco mademoiselle !* », avec son accent iranien, en riant et sans me quitter des yeux. À force, je riais aussi. Au fond, la connivence existait déjà, depuis la première seconde, une séduction instinctive, du premier regard. Je suis restée une heure, sous hypnose, entendant un mot sur deux de la conversation de Joe et de sa femme. Sur la route de chez moi, je m'efforçais de me concentrer sur l'essentiel, ce qui leur importait à eux : pourvu que Joe trouve un camion, pourvu que les Iraniens réussissent !

Mais le « plan » tardait à arriver. Joe a fini par me rappeler au bout de trois jours :

— Béa, je voudrais pas t'embêter, mais c'est dur à la maison, avec les Iraniens, les gosses, le boulot. Et puis déjà qu'on n'est pas bien riches, alors deux bouches en plus à nourrir, si tu pouvais les prendre chez toi deux ou trois jours le temps que je trouve un camion en partance…

Incapable de résister ! J'ai dit oui !

Restait à annoncer la nouvelle à ma mère et ce ne serait pas le plus simple. Je l'ai informée en douceur au milieu du repas du « petit service » que j'avais promis de rendre, après avoir bien préparé mon topo pour la rassurer, et, sur l'ordinateur, les photos des Iraniens du temps de leurs bouches cousues. Je ne lui avais évidemment rien dévoilé de leur périple à Bilbao et de leur retour dans la région. La jungle vous apprenait à vous taire.

— Maman, tu te souviens des Iraniens qui s'étaient cousu la bouche, à qui j'apportais du jus d'orange ?

— Bah, oui, les pauvres, t'as des nouvelles ?

— Oui, mauvaises. Ils sont dans la merde, Joe les a chez lui, mais il faudrait les prendre à la maison. Ils se sont fait dépouiller à cause d'un plan pourri et…

Ma mère ne répondait pas. Elle semblait réfléchir. Mais le moins que l'on puisse dire, c'est qu'elle n'était pas partante, échaudée par son expérience avec Ingrid. Je lui ai montré les photos et, la seule chose qu'elle a vue, c'est le tatouage de Dara. Elle a eu un mouvement de recul en désignant la couronne du doigt.

J'ai commenté :

— Oui, Dara est tatoué. C'est pas grave. Alors, c'est oui ?

— Bah… Je sais pas… Parce que si c'est comme l'autre…

— Rien à voir, maman, promis ! Je les ai revus et…

— Ah bon ? m'a coupée ma mère, surprise.

— Oui, chez Joe, le mec bénévole, bref. C'est des mecs très corrects, très polis…

Là-dessus, Florian a mis son grain de sel en grognant dans une grimace :

— Ouais. À voir…

On était tous échaudés. J'ai quand même dit :

— Écoute, Florian, ces deux mecs, ça n'a rien à voir avec Ingrid, et c'est que pour deux ou trois jours.

Tout le monde s'est rallié, mais vraiment pas de gaieté de cœur. L'avant-veille, Joe m'a rappelée :

— Toujours d'accord pour les Iraniens ?

— Oui, bien sûr. Amène-les samedi en fin d'après-midi avec toute ta famille, je ferai un barbecue et on passera la soirée ensemble. Comme ils se sont habitués à vous, ils ne se sentiront pas parachutés d'un coup dans un endroit inconnu.

— OK, super ! À dimanche !

C'est comme ça que le samedi 14 mai 2016, en fin d'après-midi, Mokhtar est arrivé avec son copain Dara pour habiter à la maison.

Chapitre six

Les Iraniens sont arrivés le samedi en milieu d'après-midi, amenés par Joe et sa petite famille. J'étais tellement fébrile depuis le matin que je m'étais précipitée sur une tâche bien prenante dès le réveil : l'enduit de mon salon qui attendait depuis des semaines. De quoi soulager un peu la tension nerveuse. Quand j'ai entendu la voiture arriver, je suis restée accroupie près de mon mur, le cœur battant. Je dis « ils » au pluriel, mais je pense évidemment au seul Mokhtar, dont la venue me bouleversait tellement. Ils sont restés debout au milieu du salon, leur gros sac à la main, un peu empruntés, moi pas bien à l'aise non plus. Florian est vite descendu dire bonjour, en détendant l'atmosphère parce qu'il parlait mieux anglais que nous tous avec son niveau d'élève de première. Quant à ma mère, elle les observait attentivement, un peu intimidée.

On s'est tous installés dehors devant un café. Sonia, la femme de Joe, bavarde et très gaie, a vite entamé avec ma mère une conversation enjouée qui a brisé la glace. Entre Mokhtar et ma famille, le courant est très vite passé, parce qu'il a les yeux rieurs, l'air toujours heureux, même sans paroles. En revanche, ma mère s'alarmait du regard dur de Dara, quelqu'un de plus secret, souvent perdu dans ses pensées ! Elle a vite compris que c'était son tempérament et qu'il ne fallait rien en déduire. Le soir, nous avions prévu un barbecue avec deux bons copains, Jean et Rick. Le temps était magnifique. Ma mère s'activait entre le jardin et la cuisine pour mettre la table pendant que je m'occupais du barbecue. Tout de suite, Mokhtar et Dara ont cherché à se rendre utiles. Ils sont allés ramasser le bois, m'ont aidée à déménager des meubles à l'intérieur pour que j'avance ultérieurement les travaux du salon que ma mère était impatiente de réintégrer après les peintures.

Juste avant le repas, j'ai emmené Dara et Mokhtar, flanqués de Florian, traducteur officiel, voir la chambre que je leur destinais, la mienne, tandis que je dormirais dans la pièce au sous-sol comme toujours. Immédiatement, Mokhtar a demandé :

— Et vous, vous dormez où, si c'est votre chambre ?

— Au sous-sol.

— Ah, non, non, non ! Hors de question ! Vous n'allez pas dormir « à la cave ».

— Mais c'est pas une cave ! C'est une *room*, y a un lit, et y a même une fenêtre sur *the garden*.

On se comprenait comme on pouvait, Florian était désespéré par mon anglais. J'ai tout de suite noté la galanterie de Mokhtar.

— Non, non, non ! Vous gardez votre chambre, nous, on va dormir là !

— Pas question ! Vous dormez dans ma chambre, moi dans mon sous-sol !

Mokhtar semblait contrarié. Mais ce n'était pas négociable. Je leur ai montré le matelas par terre à côté de mon lit : chacun aurait son coin. Dara a tout de suite désigné le lit.

— Moi, je dors là.

Mokhtar n'a rien dit. J'ai pensé : « Des deux potes, on voit tout de suite lequel porte la culotte ! » Et je n'avais encore rien vu ! Deux caractères à l'opposé l'un de l'autre ! J'ai rétabli la justice.

— Le mieux, c'est que vous preniez le lit chacun un soir sur deux, hein ? C'est juste comme ça, non ?

Dara a fait la tête comme un gosse, et Mokhtar m'a lancé un regard en coin reconnaissant.

À un moment du repas, Rick m'a lancé un compliment sur le ton de la drague, arrêté par Jean pour plaisanter :

— Lui fais pas un plan drague, sois lucide ! T'as quand même cinquante-quatre ans !

J'ai répondu en riant :

— Ah, mais non, justement ! C'est dans mes âges !

— Ah, bon… Mais t'as quel âge, toi, Béa ?

— Quarante-quatre. Mais j'ai toujours été avec des hommes plus vieux !

— Hein ? T'as jamais eu un mec de ton âge ?

— Non, jamais.

— Ah bon ? Même quarante-six, c'est inconcevable ?

— Inconcevable !

— Ah bon…

— Voilà ! a conclu triomphant celui qui me draguait pour plaisanter, j'ai toutes mes chances, c'est bien ce que je disais !

J'ai éclaté de rire.

Mokhtar avait passé tout le temps de cet échange l'oreille penchée vers Florian pour obtenir la traduction simultanée. Au fur et à mesure, son visage s'était décomposé, jusqu'à la chute où il affichait l'air franchement boudeur. Et puis la soirée a continué dans les rires. J'essayais de ne pas regarder Mokhtar, de ne pas fixer toute mon attention sur lui, de ne surtout penser à rien, mais… Qu'est-ce qu'il me plaisait ! Tout le monde a fini par s'en aller ou partir se coucher, sauf Mokhtar, qui est le dernier à être resté pour m'aider, jusqu'à ce que tout soit nickel et que je décide de préparer un thé.

Chacun assis d'un côté de la table, on s'échangeait surtout des sourires tellement mon anglais était calaisien ! Jusqu'au moment où Mokhtar m'a demandé mon téléphone. Je le lui ai tendu, un peu perplexe. Il a actionné quelques touches et me l'a rendu. Il avait installé Google traduction anglais/français. Là, il a tapé un premier message

— *C'est vrai, ce que tu as dit tout à l'heure ?*

Et il m'a tendu l'appareil. J'ai répondu :

— *Sur quoi ? Parce que j'ai dit beaucoup de choses dans la soirée... Surtout des conneries.*

La suite de la conversation s'est déroulée selon le même principe avec le téléphone qui faisait des allées et venues en travers de la table.

— *À propos de l'âge*, a continué Mokhtar.

— *Oui. Mon mari avait dix-sept ans de plus que moi. Et avant, c'était pareil.*

— *Ah bon. Et ça changera jamais ?*

— *Non.*

Là, il m'a dévisagée avec un air de chien battu qui se noie.

J'ai rangé la table, vidé les cendriers, et on s'est retrouvés sur le petit palier entre l'escalier qui conduit à ma chambre où il devait dormir et le sous-sol où je m'étais installée. Il m'a regardée, l'air pas pressé de monter.

— *So... Good night...*

Je pense qu'il y avait un petit point d'interrogation à la fin de sa phrase. Hyper-confiante, et je me demande encore comment, j'ai pris sur moi, j'ai répondu :

— Bah, voilà ! *Good night !*

Il a regagné son lit, moi le mien, avec mon ordinateur sous le bras, mais je n'avais pas trop le cœur à m'intéresser à Facebook ou aux blogs de la jungle. J'avais le cœur... à l'envers. Des pensées tournaient dans ma tête à deux cents à l'heure. J'avais eu le coup de foudre à la première seconde. Mais à mes yeux, c'était inconcevable, une histoire avec quelqu'un de la jungle. Et encore plus inconcevable que Mokhtar s'intéresse à moi, surtout avec ses huit ans de moins. Malgré tout, c'était curieux, ces réactions dès qu'on parlait de ma vie sentimentale… J'ai chassé cette idée de ma tête, fermé l'ordinateur, éteint la lumière, et je me suis dit : « Arrête ton délire, Béa, ce sera mieux pour toi ! Il te pose une question anodine, et tu te fais un film ! » Je me suis endormie très tard.

Le lendemain était un lundi férié. Première debout, j'ai été rejointe par maman, puis les Iraniens. À l'époque, je les appelais encore « les Iraniens ». C'était le premier matin du reste de notre vie. Les rôles se dessinaient sous le toit de la maison familiale. Nous avions donc maman, dans le premier rôle, qui leur parlait en français très naturellement, et eux qui se regardaient en roulant des yeux ronds parce qu'ils ne comprenaient pas un mot. Elle voulait absolument savoir ce qu'ils prenaient au petit déjeuner, leur ouvrait les placards, leur sortait le beurre, la confiture, le pain, les gâteaux, les œufs… Je lui ai dit :

— On va être bien quand je vais être au travail ! Tu vas leur faire cette danse tous les jours ?

Ma mère a ri avant de me faire remarquer sérieusement :

— C'est qu'ils sont maigres ! Ils ont mauvaise mine, quand même !

L'ancienne cuisinière se sentait investie d'une mission ! Mais c'est vrai qu'ils étaient bien amaigris.

— T'en fais pas, je lui ai répondu. On va leur montrer où sont les aliments, et ils se serviront quand ils auront faim.

Ils n'avaient pas du tout la même manière de se nourrir que nous. Ils mangeaient avec bon sens, c'est-à-dire quand ils avaient faim et non par principe, parce que c'était l'heure. Ils pouvaient ne pas prendre de petit déjeuner et se faire un en-cas deux heures après. De la même façon, ils n'avalaient rien de malsain comme des sucreries ou des produits trop industriels. Eux, c'était café, pain – parce que ma mère leur faisait découvrir la baguette fraîche –, et bientôt les croissants qu'elle irait chercher au village pour les remplumer.

Ce premier jour, c'est tout de suite Mokhtar qui s'est proposé pour m'accompagner au supermarché, et pas pour des raisons sentimentales, ou pas seulement. Il aimait aider. On le remarquerait chaque instant. Mokhtar donnait spontanément des coups de main, arrachait le balai des mains de ma mère après le repas, faisait la vaisselle, tandis que Dara, c'était le mâle dominant : il attendait qu'on le serve. À une exception près, le café, dont il avait fait sa spécialité, sa chasse gardée. Il allait le préparer à la cuisine et tendait toujours une tasse à ma mère en disant avec son accent iranien qui ressemblait au ton révérencieux sur lequel on doit servir la reine d'Angleterre :

— Madâme…

Chaque fois, ça nous faisait rire.

Je me souviendrai toujours des yeux de Mokhtar le premier jour chez Auchan. Il les écarquillait face à chaque rayon. Jusqu'ici, en Europe, il n'avait connu que les petites épiceries minables, les magasins de discount, mais jamais cette débauche de nourriture bien alignée, avec à perte de vue des emballages colorés, des publicités, et un choix énorme. Il était comme un gamin devant des produits qui lui rappelaient l'Iran, comme les arachides. Je lui ai dit :

— Bah, prends ! *Take !* Vas-y !

Mais il ne pouvait pas. Trop poli. J'ai levé les yeux au ciel et jeté les arachides dans le Caddie. Il a souri. J'adorais son sourire...

L'après-midi, je les ai emmenés faire un petit tour dans le bois qui entoure la maison, avec les deux chiens qu'ils adoraient déjà. Je leur ai conseillé :

— Vous pouvez venir vous promener ici, avec ou sans les chiens, quand je suis au boulot. Ça vous évitera de tourner en rond dans le jardin ou à la maison !

Complètement inconsciente ! Sans penser une seconde au risque qu'ils soient dénoncés par les voisins ! Je ne m'étais jamais demandé si c'était autorisé ou non d'accueillir des migrants chez soi, et ce n'était toujours pas clair dans ma tête quand j'ai été arrêtée... Et pas davantage maintenant, sur le fond. Quelle différence y a-t-il entre mettre à l'abri un SDF ou un migrant ? Le migrant est en situation illégale, d'accord, mais il l'était aussi à la jungle et on le laissait y vivre sans le mettre en prison, ni en centre de rétention. S'il ne faisait pas d'âneries sur la voie publique, on ne l'arrêtait pas non plus. Alors ? Depuis, on a le droit légal d'héberger des réfugiés, ceux qui ont demandé le statut, en remplissant des tas de formulaires, en passant par un organisme officiel, mais c'est quoi l'intérêt de laisser les autres à la rue ? Mon geste me semblait tellement normal que je ne redoutais rien. Rien sauf la réaction de mon entourage immédiat. Ma mère par exemple avait tout de suite prévenu l'une de ses amies, qui passait souvent à l'improviste prendre le café tôt le matin :

— Surtout, ne t'inquiète pas si tu trouves des gars quand tu arrives. On a deux réfugiés à la maison.

La réaction avait été fraîche. Pour ne pas dire qu'on n'avait pas revu la copine le temps du séjour des Iraniens. Elle était de celles qui disaient : « Qu'ils retournent dans leur pays ! », « Ils prennent l'argent des Français ». J'ai aussi prévenu Peggy et Marie, mes deux meilleures amies, et ma sœur aînée, parce que toutes trois passaient souvent prendre le café et qu'on ne pouvait pas leur cacher. Peggy m'avait simplement posé la question :

— T'es sûre que tu ne risques rien ? Que c'est des mecs bien ?

Ma sœur avait soufflé à ma mère :

— Maman, quand même, je crois que c'est illégal, n'en parle pas aux voisins.

Ma mère m'avait demandé si c'était vrai. Je lui avais répondu :

— Écoute, on ne fait rien de mal et ça ne va pas durer.

Mokhtar et Dara n'iraient en vérité jamais se promener dans le bois, ni au-delà du jardin le temps de leur séjour. Ils vivaient comme avec la sensation de ne pas être bienvenus en France, mais aussi de déranger chez nous. Dès qu'ils entendaient une voiture arriver, ils montaient dans la chambre. Parfois, c'était ma sœur, Marie ou Peggy, je disais :

— Restez donc, inutile de vous cacher !

Mais c'était plus fort qu'eux. Je crois aussi qu'ils n'avaient pas envie de profiter, comme quand on sait qu'on ne va pas rester quelque part. Ça ne servait à rien qu'ils explorent. Ils n'étaient pas là pour visiter et n'avaient pas le cœur à ça. Ils n'attendaient qu'une seule chose du matin au soir, c'était le coup de fil de Joe qui leur dirait qu'il avait trouvé « un plan », que le départ était pour demain, après-demain…

Lors de la promenade dans le bois, on a commencé à mesurer nos différences culturelles quand on est passés près d'un arbre dont j'ai désigné le pied :

— *You see… Here is my dad…*

— *Your daaaaaad ?*

Ils n'en revenaient pas. Ils regardaient les galets blancs, me regardaient, et j'ai précisé naturellement :

— *Yes, he is dead !* Incinéré, euh… *fire*, quoi !

— *Fire ?!*

Là, carrément, ils avaient peur. Il a fallu l'aide de Florian à son retour du lycée pour leur expliquer le principe de l'incinération. Chez eux, on ne connaît pas. On n'a jamais vu un corps en dehors d'un cimetière. Dans un autre genre, dès le premier matin, ils sont allés se doucher les premiers. Quand ma mère et moi avons voulu y aller à notre tour… Pas de chance ! Plus d'eau chaude ! Ils ignoraient l'existence du ballon d'eau chaude, parce que, chez eux, l'eau était seulement chauffée au gaz. Quant à la planète, ils ne savaient pas ce que c'était, le coût énergétique non plus. Mokhtar tenait parfois à faire la vaisselle, et j'ai dû lui montrer comment économiser l'eau grâce à la bonde de l'évier. Dara, lui, mettait le chauffage en plein été. Il trouvait ça sympa, ce petit souffle chaud qui s'échappait du radiateur électrique. On leur a expliqué que ce n'était pas gratuit. En Iran, ils payaient 6 euros de chauffage et d'électricité par mois. Quand j'ai dit « chez nous, c'est 280 ! », ils étaient sidérés et désolés. J'ai eu un peu peur en voyant arriver la note quelques semaines plus tard, mais non, ils avaient tenu compte de nos remarques.

Le soir de leur premier jour à la maison, nous avions décidé de refaire un barbecue. Mokhtar a tout de suite pris les choses en main pendant que je me tournais les pouces à côté de lui, ce qui m'arrive rarement. C'était un plaisir. De temps en temps, il me lançait un petit coup d'œil souriant et je baissais les yeux, incapable de soutenir son regard. La soirée était nettement plus calme, sans invités, juste nous quatre à table. Je travaillais le lendemain. Florian s'est couché le premier, suivi de ma mère, et Dara est monté à son tour. Mokhtar, lui, a traîné jusqu'au dernier coup d'éponge, avant de dire :

— Moi, je reprendrais bien un thé...

Quelques minutes plus tard, attablés à l'intérieur comme la veille au soir, il m'a demandé mon téléphone, me l'a rendu avec sa question traduite par :

— Tu n'as toujours pas changé d'avis ?

— Pour ?

— Quand tu parlais de l'âge ?

— Non. Je ne changerai jamais d'avis.

La situation, je ne pouvais plus en douter, sentait la catastrophe imminente... Il n'allait pas falloir qu'il insiste trop parce que j'allais craquer. Et dans trois jours, ce mec serait dans un camion, en route pour l'Angleterre. Je ne pouvais rien lui souhaiter d'autre puisque c'était là son rêve. Là, moi, avec mon blindage de cœur d'artichaut, j'allais m'écrouler. Pourquoi commencer quand on est sûr de souffrir ? Je n'avais jamais rien compris aux amours impossibles, ces histoires racontées par des copines, promises à la douleur, avec un homme marié ou habitant au bout du monde. Je ne savais pas davantage comment on se relevait d'une aventure, et je n'allais pas l'apprendre là vu que... ce n'était *pas* une aventure. Je l'aimais. Je sais, c'est « con », les gens peuvent penser : on n'aime pas quelqu'un qu'on ne connaît pas, quelqu'un avec qui on ne parle pas. Mais non. C'était quelque chose, dans les yeux, dès la première fraction de seconde, qui allait plus loin que tout, plus loin que nous, au-delà de nous. C'était de l'amour. Et son comportement, après ces vingt-quatre heures passées ensemble, venait confirmer mon sentiment instinctif. Pas un de ses gestes ne m'échappait, pas une de ses mimiques, pas un de ses mots. Je l'aimais, donc je l'épiais. Je ne perdais pas une seconde de lui, même quand je faisais autre chose, ou que je semblais regarder ailleurs.

Mokhtar n'a pas repris mon téléphone. Il m'a dit en me fixant droit dans les yeux, depuis l'autre côté de la table, assis juste en face de moi :

— *I can ask you something ?*

J'ai soutenu son regard et hoché la tête. Mon cœur s'était arrêté de battre. Il a continué :

— *Close your eyes.*

Je me suis dit : « Bon, tu fermes les yeux, t'es foutue. »

Donc, j'ai fermé les yeux.

Il m'a embrassée. En se penchant par-dessus la table jusqu'à mes lèvres. Ce baiser a été électrique. De la folie. J'avais l'impression d'avoir quatorze ans, je sentais ses lèvres trembler sous les miennes, lui aussi, comme un gamin. Le retour en adolescence. On a ouvert les yeux. Il s'est rassis. On s'est regardés en souriant, ensorcelés. Il m'a dit :

— Je peux recommencer ?

J'ai dit oui et j'ai pensé : « C'est bon ma grande, t'es partie, là… » Ce qui était un petit peu compliqué, c'est que tout le monde était couché, qu'il y avait sous le même toit maman, Florian, Dara qui ne verrait pas forcément les choses d'un bon œil… Sans parler du fait que je n'avais jamais d'aventures, que je ne savais rien de lui, que je crevais de trouille, que sur le papier c'était « une connerie ».

J'ai coupé court, sur le ton de la fille qui reprend sa vie en main.

— Bon, on va aller se coucher…

Il a fait signe que oui, on a posé nos tasses dans la cuisine, et on s'est retrouvés comme deux idiots, debout face à face, sur le petit palier qui menait à son lit en haut, au mien en bas. Il a affiché une tête de cocker en se pointant du doigt avant de désigner le premier étage, et de dire :

— Donc, moi, je dors là-haut ?

J'ai hoché la tête d'un air qui se voulait ferme et assuré.

— Et, moi, je dors en bas !

Et puis là, je me suis dit : « Béatrice, c'est le moment où jamais, fais pas ton idiote, t'as jamais envie de personne, t'es complètement amoureuse de ce mec, c'est la seule raison valable pour "dormir" avec quelqu'un. » Et il avait l'air si malheureux…

J'ai repris mes esprits, ou perdu mes esprits, et lui ai mimé le scénario : il montait, il attendait que Dara s'endorme, et il me rejoignait au sous-sol en faisant super attention de ne pas faire de bruit pour ne pas réveiller mon fils dans la chambre attenante à la sienne. J'ai soudain vu des étoiles dans les yeux de Mokhtar et un sourire immense.

— *True ? I can ?*

— *Yes !*

Vaincue.

À ce stade, on ignorait tout l'un de l'autre. Je le savais seulement célibataire et lui me savait veuve. Mokhtar est arrivé peu de temps après dans mon sous-sol. J'étais bouleversée. L'émotion d'une première fois.

Je me souviendrais toujours du moment où il est entré dans le lit et m'a serrée pour la première fois dans ses bras, tellement fort, comme on ne m'avait jamais serrée, et il s'est mis à répéter cette phrase que j'entends encore :

— *I can't believe ! I can't believe !*

Après quelques minutes, il a éloigné son visage du mien et m'a dit :

— J'arrive pas à croire que tu puisses être dans mes bras... C'est pas possible, c'est un rêve... Depuis la minute où je t'ai vue entrer au Point infos dans la jungle, j'ai voulu ce moment...

J'ai pensé : « Oh, là... Dans quoi j'ai mis les pieds ? Va pas falloir qu'il me dise deux mots gentils de plus parce que je suis foutue. » En fait... j'étais déjà foutue. Les mots gentils qui ont suivi, je n'aurais pas pu les compter. Ses gestes, l'amour... Tout. On s'est dit « je t'aime » la première nuit. Mokhtar et moi, c'était l'évidence.

Je suis certaine que je n'avais jamais aimé avec cette force, que nous ne nous étions jamais donnés à quelqu'un auparavant avec cette puissance, cette folie, cette joie, une telle certitude, tout simplement parce que si j'avais follement aimé mon mari, j'avais vingt ans, alors que là, je savais ce que je tenais entre mes bras, la rareté de la rencontre, quand vous savez que vous allez vivre avec cet être-là ce que vous ne pouvez vivre qu'une fois dans votre vie, que vous êtes capable de faire pour cet être-là ce que vous n'êtes capable de faire qu'une fois dans votre vie.

Il m'a demandé pudiquement si ça faisait longtemps que je n'avais pas eu un câlin. Je lui ai répondu :

— Oui, environ un an.

Il s'est foutu de moi.

— Ah ! ça explique ! Tout ça ? Mais pourquoi ?

— Parce que je ne fais pas ça avec n'importe qui, ni juste comme ça.

— OK, alors, moi… C'est pas juste comme ça ?

— Pas trop, non…

On a éclaté de rire.

— Et toi ? je lui ai demandé.

— Il y a quelques mois. Une fille dans la jungle.

— Une migrante ?

— Non, une bénévole anglaise.

— Ah bon ? !!! Mais ça arrive, ça ?

— Ben, tout le temps !

— Et ça a duré longtemps ?

Il a souri.

— Une fois. Je l'ai jamais revue !

J'ai aimé qu'il soit sincère, il aurait très bien pu ne rien me dire. Je n'ai pas posé davantage de questions : moins j'en savais, mieux c'était. C'était qui cette fille, d'abord ? Oui, j'avoue, je suis « un peu jalouse »… Beaucoup jalouse. L'enfer, à vrai dire. Ce qui me surprenait le plus, c'était d'apprendre là qu'une bénévole et un migrant puissent coucher ensemble comme ça, juste une fois en passant. Bien sûr, deux histoires d'amour entre une bénévole et un migrant étaient très connues – celle de Sonia et celle d'Aurélie –, mais il s'agissait de véritables couples. Aurélie revenait de loin puisqu'elle avait géré des pages Facebook anti-migrants jusqu'à ce que l'instit de sa fille, bénévole, la traîne à la jungle : « J'y donne des cours, moi, à la jungle ! Vous devriez y aller, pour comprendre, je vous assure ! Après, je vous autoriserai à déverser votre haine. Je peux vous emmener, si vous voulez ! » Aurélie avait relevé le défi, était devenue bénévole et s'était mise en couple quelque temps plus tard avec Yathalla, un Soudanais, avec qui elle projetait d'avoir un enfant. Quant à Sonia et Azad, un Afghan, ils s'étaient mariés en 2015 et avaient un adorable petit garçon qu'on voyait trottiner quand ils venaient aider. Alors, une histoire d'amour, exceptionnellement, admettons ! Mais une histoire de « cul » ? J'avais imaginé que l'aventure d'Ingrid avec le petit Égyptien relevait de l'exception.

C'est Mokhtar qui m'a raconté la jungle dans la jungle, avec ses relations sans lendemain, doublées parfois de chantages sordides, comme celui auquel il avait échappé. Au camp, Mokhtar passait son temps à souffrir d'infections à répétition de l'oreille sans savoir ce qu'il avait exactement. Un lendemain de nuit blanche à cause des douleurs, une bénévole calaisienne est venue et lui a proposé : « Si tu veux, tu viens dormir à la maison. Je te donnerai des antibiotiques, tu prendras une bonne douche, demain, ça ira déjà mieux, et je te ramènerai bien reposé à la jungle. »

Mokhtar était très content évidemment, sauf qu'il m'a raconté la suite :

— À 3 heures du matin, j'étais en train de dormir quand j'ai senti quelque chose qui se collait à moi… C'était elle. En slip. Elle a commencé à me caresser le torse, j'ai allumé la lumière d'un coup, et je lui ai dit : « Je dors ! »

La fille a répondu : « Oh non, allez… » Il a répété : « Non, je dors. » Elle lui a alors lancé sur un ton sans appel : « OK, alors tu prends tes affaires et tu te casses ! »

Elle l'a fichu dehors à 3 heures du matin.

Il a dû regagner la jungle à pied, en pleine nuit, avec son oreille qui le faisait souffrir. Il paraît que des femmes, même de plus de cinquante ans, parfois des Anglaises, venaient aider à la jungle pour se taper un petit jeune ou un gars au physique exotique. J'en étais baba ! J'ai raconté à Mokhtar la mésaventure avec Ingrid. Il a immédiatement réagi :

— Tu sais que quand j'ai demandé ton numéro à Ingrid avec qui je parlais de temps en temps, elle m'a répondu : « Je ne peux pas te le donner parce qu'elle habite à Calais dans un appart avec son mari jaloux et des gosses… »

C'était à peine croyable… Je comprenais pourquoi elle n'avait pas voulu que je revoie les Iraniens à la fin de leur grève de la faim. Quand je pensais qu'elle avait encore ses affaires dans mon sous-sol, à trois mètres du lit où on était ! Je me suis promis de lui réserver un accueil personnalisé, les sacs devant la maison et du balai ! Mokhtar a ajouté :

— Enfin, t'es folle, je t'aurais jamais laissée partir si elle ne m'avait pas dit ça !

On a passé la moitié de la nuit à faire ce que font tous les gens qui s'aiment et l'autre moitié à écouter celui qui en avait vraiment le plus besoin, Mokhtar. Il m'a tout de suite parlé de son naufrage en Méditerranée. Pendant le périple à pied de deux semaines de l'Iran à la Turquie, il avait déjà salement souffert. En franchissant la montagne, ils s'étaient fait tirer dessus par la police. Son compagnon de voyage, un Afghan, s'était pris une balle dans la tête et s'était écroulé mort à ses côtés. Ensuite, il avait été arrêté avec d'autres et jeté en prison, sans être nourri pendant une semaine, avant d'être relâché dans le froid et la pluie. Les passeurs avaient alors fait embarquer les migrants venus de différents pays à bord de deux bateaux au départ de la Turquie. Mais les passeurs surchargeaient les bateaux pour optimiser leurs gains. L'un des bateaux a chaviré sous leurs yeux pendant la semaine de trajet pour la Grèce. Le leur était tellement fragilisé qu'il n'était pas question de tendre la main pour secourir les naufragés, environ cent cinquante. Certains ont été sauvés par des patrouilles, mais Mokhtar a vu des gens se noyer sous ses yeux. Il ne s'en est pas remis. Durant les quatre mois qu'avait duré le voyage de Téhéran à Calais, ils avaient eu froid, ils avaient eu peur. Ils avaient fait la traversée de l'Europe par groupes de deux ou trois, pas toujours les mêmes ensemble, pas tous de la même nationalité, des Iraniens mais aussi des Irakiens et des Afghans, sans véritable compagnon sur qui compter. Les passeurs successifs étaient plus ou moins fiables. Ils avaient connu des cars, des voitures, des trajets à pied, des plans foireux, parfois sans rien à manger ou avec l'obligation de dormir dehors. Ils vivaient la peur au ventre d'être « dublinés ». Jusqu'à Calais où Mokhtar ne s'attendait absolument pas à rester si longtemps. Vu de là où ils venaient, Calais, c'était déjà l'Angleterre. Ils imaginaient être au bout de leurs peines quand ils arrivaient à la jungle.

Mokhtar y est arrivé une nuit d'octobre. Il faisait froid. Ils étaient trois à s'être rencontrés sur le territoire français. Ils ont trouvé quelqu'un qui leur a dit : « Vous pouvez dormir sous cette tente, ses occupants ne sont pas revenus depuis plusieurs jours. » Ils ont grelotté sans pouvoir vraiment dormir parce que la tente baignait dans la flotte et, le lendemain matin, il se trouve que c'est Zymako qui les a réveillés en les engueulant : « Vous êtes à côté d'une école ! Vous êtes des porcs ! Y a de la merde par terre ! Vous vous rendez compte ? » C'était une chose qui arrivait régulièrement, à cause de l'éloignement des sanitaires, mais Mokhtar a protesté en anglais : « Non, nous, on est arrivés en pleine nuit, on n'a fait aucune cochonnerie, on était trempés, morts, on s'est jetés sous la tente. » Zymako les a crus : « OK, ça va, je me suis emporté. Parce que certains font des conneries, ici... » Il les a orientés pour qu'ils aient le soir une tente étanche, puis il leur a donné des couvertures sèches qu'il avait de côté… Et cette nuit-là dans mon sous-sol, on a réalisé que les premières couvertures sous lesquelles Mokhtar avait dormi, c'était moi qui les avais rapportées !

C'est dans la jungle qu'il avait rencontré Dara, avec qui il faisait équipe. Auparavant, il avait eu un autre ami, Azad, iranien comme lui. Ensemble, ils avaient tenté de passer toutes les nuits en camion, des semaines de suite. Mokhtar avait presque réussi à plusieurs reprises : il avait été rattrapé au niveau du ferry au moment des contrôles, sorti du camion, et il était revenu à la case départ. La politique des forces de l'ordre à cette époque, c'était de leur dire après une demi-heure d'observation de principe : « Allez, dehors, fous le camp. » Sans plus de formalités. Ils ne pouvaient pas arrêter les gens, il y avait trop de monde. C'étaient des dizaines toutes les nuits. Et puis une nuit, Azad lui avait dit comme d'habitude : « Tu viens, on y va ? » Mokhtar avait répondu : « Non, je suis trop fatigué. Là, ce soir, je dors. J'y vais pas. Bonne chance. » Mokhtar n'y croyait plus.

Quelques heures plus tard, Azad lui envoyait un message d'Angleterre : « Ça y est, je suis passé. » Depuis, il habitait Birmingham. Il avait obtenu ses papiers, travaillait dans une station de lavage de voitures le jour, suivait des cours d'anglais au collège le soir. Voilà le type de parcours qui faisait rêver Mokhtar. L'Angleterre, il en parlait avec tellement d'enthousiasme… Sa joie me faisait un peu de mal. Il allait partir… Il pouvait recevoir le feu vert du départ n'importe quand. Je me suis dit : « Béa, profite. Prends tout et tu verras bien. »

Cette première nuit, nous n'avons évidemment pas pu parler de tout. Sur les raisons de sa venue en France et de gagner l'Angleterre, il m'avait juste dit rapidement : « Le régime politique, c'est l'enfer, là-bas... Je ne pouvais pas rester. » Vu mes connaissances en géopolitique et nos urgences amoureuses, c'était pas le moment d'aborder le sujet. Un baiser avait emporté la suite des explications. À l'aube, j'ai dit à Mokhtar de regagner sa chambre à pas de loup pour ne réveiller personne.

Je ne sais pas comment j'ai fait pour aller travailler le lendemain matin, mais je n'ai eu aucun mal à me réveiller : je n'avais pas dormi du tout. Sur la route, j'étais entre mes rêves, cette nuit pourtant très réelle passée ensemble, et la réalité, maman, Florian, Dara. Les trois, pour des raisons différentes, n'allaient pas apprécier l'histoire. Je dirais même que je ne pouvais absolument pas leur en parler. Du reste, à quoi cela servirait-il, puisque Mokhtar allait s'évanouir dans la nature dans des délais tellement brefs ? J'ai donné mes cours toute la journée, j'ai parlé avec mes collègues, mes stagiaires, dans un état second, comme si je m'étais dédoublée. Une part de moi pensait à Mokhtar, se repassant le film de la soirée, ses mots, nos gestes, en évitant tout de même d'y penser trop ! Une autre part de moi « fonctionnait » comme un robot. Je n'avais qu'une hâte, le retrouver le soir même.

Sur la route, j'ai fait un détour par la boucherie halal de Calais, pensant leur faire plaisir, et le soir à table, alors que nous nous cachions pour nous regarder et nous sourire, comme des gosses, j'ai vu Mokhtar allonger le bras vers le jambon. Je me suis exclamée :

— Noooooon ! C'est du cochon !!!

Il m'a regardée très surpris.

— *So what ?*

— Ben, *so what*, c'est du cochon, du porc, pas musulman !

Il m'a dit :

— *But I am christian ! Not muslim !*

Dara a approuvé Mokhtar du regard, tandis que lui-même ne mangeait pas de porc. Cela voulait-il dire qu'il était pour sa part musulman ? Je n'en sais rien, je n'ai jamais parlé de religion avec lui.

J'étais soufflée : Mokhtar, chrétien ? Alors, oui, j'étais passée à l'église, dans la jungle, mais j'y avais vu surtout des Africains. J'ignorais complètement qu'on pouvait être iranien et chrétien. Mokhtar avait fréquenté l'église tous les jours, lisait la Bible même en dehors des offices, d'où le prêtre à leurs côtés pendant leur grève de la faim ! Il m'a expliqué que les derniers chrétiens d'Iran vivaient cachés dans ce pays où tout ou presque était devenu interdit : les chrétiens, mais aussi l'amour hors mariage, l'alcool, les boîtes de nuit, les Juifs on n'en parle pas, et jusqu'aux musulmans non radicaux, non pratiquants, ou d'une mouvance différente. Pourtant, tout existait, y compris la drogue. L'opium faisait des ravages même chez les vieux, mais tout se faisait en cachette.

Né dans une famille sunnite, Mokhtar avait reçu un enseignement religieux à l'école quand il était enfant, mais, dès qu'il avait été en âge de penser, il avait rejeté l'Islam radical. Les discriminations entre sunnites et chiites, les mariages forcés, la condition imposée aux femmes le scandalisaient. Le christianisme avait été pour lui une révélation en 2003, alors qu'il commençait à enseigner le perse, la langue de son pays, à l'université. C'est un collègue qui lui avait parlé à la salle de musculation de la paix intérieure que lui apportait l'Église. Mokhtar était allé voir un office et en était ressorti séduit par « le message d'amour », lui qui croyait que la religion n'était que violence et répression. Évidemment, on ne peut pas dire que sa conversion dans la foulée avait relevé d'un choix opportuniste ! Mais dans la suite de sa vie, quatre mois de périple et sept mois de jungle, je pense que c'est sa foi qui l'a aidé à tenir.

Mokhtar et Dara parlaient beaucoup de leur pays, dont le régime les désespérait, d'autant plus qu'ils étaient attachés à leurs racines culturelles, à leur terre, aux coutumes. Mokhtar me parle souvent de la civilisation perse, de leur expertise en sciences, de la trajectoire des Iraniens dans l'histoire et dans le monde, des « cerveaux » qui s'exilent aujourd'hui jusqu'aux États-Unis, pour vivre libres. Ils étaient tous deux nostalgiques du Shah, l'époque d'avant l'ayatollah Khomeiny et des présidents islamistes qui ont suivi. Curieusement, c'est chez mon médecin traitant où je l'avais traîné pour son oreille que j'ai su le fond de sa pensée politique. Mon médecin lui a demandé en anglais ce qu'il pensait de son gouvernement de religieux extrémistes. Mokhtar m'a regardée.

— Je peux lui parler normalement ?

— Bah… oui !

— Lui dire ce que je pense vraiment ?

— Bien sûr, vas-y !

Il a planté ses yeux dans les siens et lui a lâché dans un excellent français :

— Fils de putes !

Mon médecin est resté coi. Soufflé. Moi, même si je trouvais qu'il retenait vraiment bien le français, j'ai tout de suite réagi, en anglais, car moi aussi je progressais grâce à une immense motivation.

— Mais enfin, Mokhtar, ça va pas !

— Ben quoi ? Tu m'as dit de dire ce que je pensais !

Mon médecin a eu la gentillesse d'offrir à Mokhtar la consultation puisque, n'ayant pas le statut de réfugié, ni de demandeur d'asile, il n'avait pas accès aux soins. Le diagnostic n'avait pas été rassurant : « Voyez si ça passe avec ce traitement, sinon il faudra voir un ORL pour une auscultation plus approfondie. » Ce n'était pas passé. C'est en Angleterre qu'un ORL a finalement diagnostiqué une lésion définitive sur le conduit auditif, qui nécessitait une opération chirurgicale. Mais l'origine de la lésion, Mokhtar me l'a cachée. Je ne l'ai découverte que six mois plus tard : en Iran, un jour de ramadan, il avait été battu très violemment par la police parce qu'il avait été surpris à fumer, l'un des « péchés » les plus graves apparemment. J'avais assisté à une scène semblable à la jungle.

Auprès de sa famille, la conversion de Mokhtar au christianisme était très mal passée. Ce n'était pas le modèle en vigueur à Javanrud, la petite ville d'Iran où il était né et qu'il n'avait jamais quittée, à six cents kilomètres à l'ouest de Téhéran. Son père était maçon, sa mère, femme au foyer, vu qu'il avait sept sœurs, toutes mariées bien sûr, et deux frères. Sur son téléphone d'ailleurs, je souris chaque fois quand une sœur appelle parce que s'affiche *Sister One*, *Sister Two*, et ainsi de suite ! Tous sont musulmans pratiquants, très stricts pour certains. Il a mis des mois à renouer avec ses frères et sœurs, et l'une ne lui parle toujours pas. Avec le père, les choses se sont à peu près bien passées, mais la mère ne voulait plus entendre parler de son fils mécréant. Quand il appelait ses parents via Messenger vidéo, il demandait à son père :

— Et maman, ça va ?

Son père jetait un œil derrière lui, vers sa femme, et répondait :

— Elle ne veut pas te parler.

Mokhtar en souffrait, mais les dents serrées, à sa façon. Un jour, il m'a lancé :

— De toute façon, je m'en fous !

J'ai corrigé :

— Tu ne peux pas dire ça ! C'est ta mère ! Laisse passer du temps. Un jour, elle te reparlera, tu verras…

— Tu rêves ! Si tu savais comme elle est dure !

Là-bas, il ne devait pas seulement affronter sa mère, mais la société entière. Je me souviens d'un jour où Mokhtar était tout heureux qu'un copain d'enfance le retrouve sur Facebook. Ils se sont parlé par vidéo et quand le type a vu autour de son cou la chaîne avec la croix que je lui avais offerte – je n'ai pas la foi mais, par amour, on peut faire beaucoup de choses –, le « vieux copain » l'a traité d'infidèle, a coupé la communication, avant de le « virer » de ses amis. Mokhtar en a tiré une leçon, des forces. Des mois après, un copain d'Iran un peu plus ouvert discutait avec lui plus posément. Ils parlaient de l'enfer et du paradis, pas gagné pour Mokhtar qui avait « renié » sa foi. Mokhtar lui a répondu tranquillement : « De toute façon, je préfère l'enfer avec Béa que le paradis sans elle ! » C'est l'intolérance que Mokhtar a fuie. Alors, arriver à Calais et récolter des insultes, on comprend ce que ça pouvait être pour eux…

Mokhtar aurait voulu me montrer des photos de ses proches, mais il n'avait plus rien de sa vie d'avant. Quand ils quittent leur pays, les migrants effacent toutes les photos, pour laisser le minimum d'informations dans leur téléphone et protéger les leurs. Il aurait aussi aimé me montrer des images de sa ville avec Google Street View, mais l'Iran a interdit à Google de prendre des photos. Internet, de toute façon, est censuré en Iran. Les gens surfent en cachette. Il a fallu que j'attende qu'il gagne l'Angleterre pour voir apparaître des morceaux de sa vie sur son smartphone, alors que lui partageait toute la mienne, au quotidien. Il comparait tout, il me décrivait tout, mais il n'avait pas assez de mots.

Les premiers jours, on s'observait les uns les autres pour régler le quotidien. Ma mère et moi, nous nous efforcions de deviner ce qui leur ferait plaisir et eux s'appliquaient à ne pas nous déranger. Mokhtar et Dara vivaient un peu comme des ombres, et la barrière de la langue empêchait ma mère de dialoguer avec eux. Du coup, elle communiquait avec son arme favorite : la nourriture ! À 12 h 30 et 20 heures, elle battait le rappel :

— À table !

— Mais on n'a pas faim ! répondaient-ils.

Là, ma mère les fixait avec un regard tel qu'ils obéissaient, en répétant :

— Manger, manger, manger !

Ma mère riait. « Manger-manger » est devenu son surnom. Mokhtar m'a dit qu'il n'avait jamais vu une mère pareille, même en Orient ! Il appréciait l'ambiance familiale des tablées qui lui avait évidemment manqué à la jungle. Presque toute sa famille habitait la même maison, avec des frères et sœurs à chaque étage. La solitude, ce n'était pas du tout son truc. Ma mère apportait les plats les uns après les autres et, souvent, Dara essayait de stopper le festin en se tapotant le ventre et en lui disant :

— *Full ! Full !*

Mais, sourde à ses supplications, elle allait chercher la suite… Elle était ravie qu'on soit au minimum cinq à table. Elle avait élevé trois enfants, servi les repas de chasse parce qu'elle tenait avec mon père un élevage de faisans, puis cuisiné pour cinquante personnes tous les midis quand elle travaillait dans une maison de retraite. Je croyais que les Iraniens allaient la déranger. Au lieu de ça, je la voyais s'épanouir. Mokhtar mangeait de tout, sauf peut-être du fromage, tandis que Dara regardait les spécialités hexagonales avec un air soupçonneux : choucroute, blanquette de veau, ma mère leur a tout fait. Ils ajoutaient systématiquement des épices, du sel, du poivre, du jus de citron, du Tabasco, et ma mère manquait s'étrangler en voyant ça atterrir dans son ragoût de mouton. Alors, elle a attaqué le volet « plats exotiques » et leur a préparé du couscous : ils n'ont rien compris. N'étant pas d'Afrique du Nord, ils n'avaient pas plus de familiarité avec le couscous qu'un Finlandais. On leur a fait des tacos mexicains, parce que c'est relevé et parce qu'on avait compris la base de leur nourriture très saine : viande parfois, mais surtout oignons, poivrons, légumes, et leur sacro-saint « riz ». Mais là encore, il y avait une subtilité locale. Nous, on avait acheté bêtement du riz normal, rien à voir avec le leur. La maison est donc passée au riz à grain fin, comme le basmati. On apprenait. Ils se seraient bien mis en cuisine, mais c'est un peu le royaume de ma mère. Une seule fois, Mokhtar est intervenu, parce que j'avais décidé de lui faire des boulettes de viande iraniennes. Il me regardait faire en m'appliquant selon la recette trouvée sur Internet, mais impossible de les rouler ! Après m'avoir laissée un moment m'acharner sans succès, il a déclaré :

— Je crois que tu ne sais vraiment pas cuisiner, c'est mieux que tu fasses autre chose.

Là, il a pris les ingrédients, il s'est installé par terre, et en ajoutant de la farine il nous a fait de magnifiques boulettes ! On vivait un quotidien qui, me semblait-il, ne finirait jamais. J'évitais d'y penser et, quand je voyais un appel de Joe, mon cœur se serrait : le départ était-il programmé ? Je me sentais en sursis.

Chapitre sept

Après une semaine, j'ai réalisé que Mokhtar et moi risquions un jour d'être pris en flagrant délit. On passait nos nuits ensemble dans la pièce d'en bas, et il n'était pas rare que Florian débarque habituellement à 1 heure du matin après avoir joué à la PlayStation parce que je n'avais pas signé son carnet de correspondance ou qu'il lui manquait 3 euros pour une sortie. Là, nous aurions eu l'air de deux coupables et moi d'une dissimulatrice ou de l'une de ces mères aux mœurs que condamnait mon fils. Il se serait senti trahi, aurait imaginé que ma solidarité n'était motivée que par des raisons peu louables. Ma mère, je ne pouvais pas non plus lui cacher notre histoire éternellement, c'était comme la trahir aussi. Mokhtar, lui, s'était chargé de prévenir Dara, qui n'avait eu finalement qu'une question : « Mais ça veut dire qu'on ne va plus ensemble en Angleterre ? Tu vas me laisser tomber ? Tu veux rester ? » Rassuré sur ce point, Dara n'avait évidemment pas d'avis. Ou plutôt, si : il en a vite déduit que je n'avais plus trop besoin de mon ordinateur la nuit. Il pouvait donc monter avec dans « sa » chambre pour regarder des films, et ça, c'était la bonne affaire ! Non, le problème, c'était mon fils, dont je craignais la réaction... bien plus que celle de ma mère. Je me doutais quand même qu'elle n'allait pas sauter de joie et qu'elle allait me dire que ça ne menait nulle part. Elle n'aurait pas tort. Ce serait bientôt mon problème plus que le sien.

Un soir, en rentrant, j'ai donc pris mon courage à deux mains pour entrer dans la chambre de Florian.

— Florian... J'ai quelque chose à te dire...

— Oui ? Genre ?

— Alors, voilà... Avec Mokhtar...

— Quoi, avec Mokhtar ?

Je n'ai pas eu le temps de finir ma phrase. Il s'est levé de sa chaise, s'est mis à hurler en me désignant la porte :

— Tu sors de ma chambre, tout de suite ! Dehors ! Tu vas faire comme l'autre, c'est ça ?

Mais je ne me suis pas démontée parce que j'avais un peu prévu la crise.

— Attends, Florian ! Tais-toi une minute ! C'est pas une histoire de cul ! On s'aime depuis des mois ! Depuis le mois de mars, dès qu'on s'est vus. On s'est même pas parlé, je pensais jamais le revoir ! Mais voilà... on s'est aimés tout de suite !

Le problème est qu'il n'y avait aucun moyen de communiquer avec Florian. Il était hors de lui. Il m'a poussée dehors. Et il a claqué la porte de sa chambre.

Je suis redescendue penaude. Automatiquement, il comparait les deux situations, ce qui s'était passé avec Ingrid et mon histoire d'amour. Mokhtar et Dara étaient assis à table au rez-de-chaussée et m'ont tout de suite demandé ce qui se passait, puisqu'ils avaient entendu les éclats de voix. Florian est un gamin tranquille avec qui j'ai une bonne relation, il n'y avait jamais de disputes. Mokhtar s'est tout de suite montré catégorique.

— On n'est pas là pour créer des problèmes. Si c'est comme ça, on s'en va…

— Mais non, je vais lui reparler, je vais attendre qu'il se calme.

— Non, non, non, on peut repartir dans la jungle… C'est pour quelques jours, c'est pas un problème.

Mokhtar a consulté Dara du regard. Dara a hoché la tête, pas emballé mais prêt à suivre.

J'ai coupé court :

— Mais ça va pas ! Hors de question.

— Si, si ! a insisté Mokhtar. Si tu te disputes avec ton fils, c'est très grave. On fait nos affaires, on s'en va.

Mokhtar employait un ton tellement ferme que je n'ai plus rien dit. Je réfléchissais. J'ai dit :

— OK… Je remonte le voir…

J'étais prête à les laisser partir, regagner leur enfer, ce qui me « tuait » avant tout parce que c'était pour eux un retour à la case départ. Je suis rentrée complètement calmée dans la chambre de Florian. Au fond, Mokhtar avait raison. J'ai dit à Florian :

— C'est bon. Je les ramène à la jungle. Le problème est réglé.

Florian m'a dit :

— Mais ça va pas ? Tu vas pas faire ça ?

— Si. Ils ne veulent pas de problèmes dans la maison, moi non plus. Leur situation est déjà assez compliquée comme ça.

— Non, maman, je veux pas ça…

— Écoute, Florian. Je te propose un truc : tu viens t'expliquer avec eux et vous vous décidez ensemble. Parce que moi, je suis crevée, je peux pas tout gérer à la fois.

Dès que Florian est descendu, Dara est monté dans la chambre et, moi, je suis partie courageusement fumer des cigarettes dans mon sous-sol. Mokhtar et mon fils ont discuté trois quarts d'heure en anglais. Mokhtar a expliqué qu'il m'aimait. Florian l'a compris ce soir-là. Je n'ai pas eu plus de détails. Quand je suis remontée, ils étaient calmes et souriants. Je leur ai servi un thé, et la vie a repris son cours. Pour l'annoncer à ma mère, j'ai encore attendu trois jours. Le temps de me reposer du premier choc !

Ma mère les côtoyait plus que moi. Elle passait ses journées avec eux et elle avait tout le temps de les observer et de se faire une opinion sur eux.

Quand je rentrais du travail, elle me disait un peu alarmée :

— C'est pas possible, ils ont encore passé des heures sur leur téléphone !

Je répondais :

— Maman, qu'est-ce que tu veux qu'ils fassent ? Regarder la télé avec toi ? Ils ne comprennent pas le français ! Du jardinage ? Ils ont grandi en ville !

Ils passaient beaucoup de temps sur Facebook, avec leurs amis, de la jungle ou d'Iran, YouTube pour suivre l'actualité de leur pays, des films, de la musique, et aussi les échecs pour Mokhtar.

Avec ma mère, une forme de routine s'était installée, tous les jours après le repas, que je sois là ou non. Elle prenait son café dehors au soleil sur le pas de la porte, apporté religieusement par Dara à « Madâme ». Mokhtar s'asseyait à côté d'elle pour fumer sa cigarette. Là, ils se lançaient des sourires, et ma mère lui demandait en français :

— Ça va, Mokhtar ?

Mokhtar apprenait quelques mots de vocabulaire tous les jours et, les yeux mi-clos de plaisir, il désignait le ciel en répondant :

— *Yes !* Soleil !

— *Yes !* Soleil ! répétait-elle alors, puis s'adressant à moi : Tu penses, les pauvres, avec le climat qu'on a ici, ce qu'ils ont dû souffrir, tout l'hiver…

— Maman, tu sais qu'il neige en Iran ! Plusieurs mois par an.

— N'importe quoi !

— Je te jure, c'est Mokhtar qui me l'a dit. Moi non plus, je n'y croyais pas, mais il m'a montré des photos.

— Ah bah, ça alors !

Du coup, quand j'ai annoncé à ma mère que j'avais une histoire avec Mokhtar, sa réaction a juste été un « Ah bon ? » un peu surpris. Elle a ajouté, l'air pensif : « C'est vrai qu'il est gentil… » Et puis l'esprit pratique a repris le dessus :

— Mais vous allez faire comment après ?

— Écoute, on essaie déjà de vivre tout de suite. Après, on verra bien.

— Oh, là, là ! Et Florian ?

— C'est bon, il est au courant.

— Alors, ça va…

Tous les jours, Joe appelait : « Je ne trouve pas le camion. » Du coup, les garçons ont pris leurs marques et cherché des idées pour tuer le temps et nous faire plaisir. En mon absence, ils ont décidé de poursuivre les travaux de la salle à manger, entamés le jour de leur arrivée, où ils m'avaient trouvée accroupie contre le mur en train de faire de l'enduit. Mokhtar en avait été choqué.

— Chez nous, jamais un fils ne laisserait sa mère faire ça. Normalement, c'est à ton fils de le faire. Même mon père, j'allais l'aider sur les chantiers.

— Oui ? Alors, ici, c'est surtout la PlayStation pour les fils.

Je plaisantais, mon fils sait rendre service, mais j'expliquais à Mokhtar comme l'éducation et les mentalités étaient différentes ici. Ils ont fini l'enduit qui restait à faire, enchaîné sur la peinture. Quand je suis rentrée du boulot, je les ai trouvés en train de laver le carrelage à grands seaux d'eau, fiers comme des héros. Ma mère battait quasiment des mains, alors qu'elle se demandait encore quelques jours avant quand elle pourrait reprendre possession des lieux. Et moi, j'étais bien soulagée parce que je rentrais trop tard pour m'y mettre vraiment.

Un autre jour, alors que j'étais en train de travailler, j'ai reçu une photo de mon chien. Avec Mokhtar, on s'était interdit les textos durant la journée – enfin presque, sinon on serait devenus fous. J'ai jeté un œil distrait en me disant : « OK, c'est mon chien, mais pourquoi ils m'envoient une photo de mon chien ? » J'ai reçu une vidéo juste après : mon chien était dans la baignoire. L'air furieux. Ils avaient ajouté : *Désolés, mais il puait trop, on l'a lavé.* Le seul problème, c'est qu'en zoomant sur le flacon à côté de la baignoire pour savoir avec quoi on avait lavé ma bête, je découvre du détergent Monsieur Propre ! Ils s'étaient trompés. Oui, les différences culturelles et la barrière de la langue…

Plus les jours passaient, plus nous partagions des moments d'insouciance. Nous nous rapprochions toujours davantage, s'habituant à ce que le coup de téléphone qui devait nous séparer n'arrive pas. Nous nous appliquions à vivre comme un couple à qui rien jamais ne devait advenir. Mokhtar reprenait du poil de la bête, à la fois physiquement et moralement. Il s'épanouissait à vue d'œil, de plus en plus à l'aise, contrairement à Dara qui ne perdrait jamais son côté ombrageux. Mokhtar faisait maintenant partie de la vie de la maisonnée, comme s'il avait toujours habité là. Il aimait jouer avec le chat, lancer la balle aux chiens dans le jardin, s'activer pour préparer le barbecue, regarder la nature qu'il connaissait mal. Petit à petit, il a rencontré mes amis et, entre eux, le courant est tout de suite bien passé, parce qu'il est drôle, très pince-sans-rire. Par égard pour la famille, on ne s'embrassait pas avant de se coucher, et pas davantage en public ou devant les amis, par pudeur. Du coup, quand on se retrouvait, on était fous de bonheur. Comme nous avions beaucoup de mal à rester sages, Mokhtar avait établi des petits rituels : quand on rentrait des courses, il m'indiquait un emplacement le long du bois juste avant la maison pour que je m'y gare, et là, on s'embrassait. Après, on pouvait repartir et voir les autres. On avait notre dose. J'adorais qu'il soit tellement câlin, autant que moi. Il aime la conduite en ville parce qu'il m'embrasse à chaque feu rouge. Quand on est sur l'autoroute, il râle : on devrait ajouter des feux rouges. Si je souligne le danger, il dit :

— C'est pas grave, ferme les yeux, pense plus à rien et embrasse-moi !

Romantique et attentionné, il n'avait pas d'argent pour me faire des cadeaux, mais pouvait me faire la surprise d'avoir disposé des bougies tout autour du lit dans la pièce d'en bas. Du coup, je me sentais dans la peau d'une princesse. Si je grimaçais parce que j'avais mal au dos, il ne me demandait même pas mon avis, il m'entraînait jusqu'au lit et me massait. Le rêve.

Aller au supermarché tous les deux n'était pas une corvée mais une partie de plaisir tellement on riait. Un jour par exemple, il me désigne un lapin dépecé sur l'étal de la boucherie, s'approche et me dit :

— C'est quoi ça ?

Je cherche dans mon anglais.

— Ça s'appelle… Ça s'appelle… Ah, oui ! Un *bunny* !

— *A bunny ?*

— Yes ! *A bunny !*

— *Bunny… No. It doesn't exist !*

— Ah, si, si ! *A bunny*, ça existe partout !

— *OK… But the word « bunny »… So, we don't have bunny in Iran.*

Quand on est rentrés à la maison, je dis à Florian :

— Mokhtar me dit qu'il n'y a pas de lapins en Iran, ça me semble dingue.

Florian demande à Mokhtar, qui lui confirme qu'ils ont bien des lapins, mais Mokhtar corrige :

— Ta mère m'a parlé d'un *bunny* !…

Florian a hurlé de rire et est venu me voir.

— Maman… Roger Rabbit, ça te dit rien ?

Tout le monde a éclaté de rire. Depuis, Mokhtar ne manque pas une occasion de me parler de *bunny*.

Un autre jour, il est tombé en arrêt devant le crabe et les crevettes.

— *Very good, in my country !*

J'ai répondu :

— Oui, bah, dans notre *country* aussi, c'est *very good. We take.*

Parce que je commençais à connaître Mokhtar, qui était tellement poli qu'on aurait pu rester une heure devant les crustacés à parlementer ! Ils culpabilisaient un peu de nous voir payer les courses.

J'ai toujours beaucoup reçu à la maison et je n'allais pas pleurnicher pour quelques euros alors que ces mecs avaient crevé de faim pendant des mois. Je ne les gâtais pas trop pour autant, mais j'achetais ce dont ils avaient besoin dans les limites du raisonnable, en essayant d'être équitable entre Mokhtar et Dara : l'un était (de plus en plus) mon amour et l'autre se révélait un véritable gosse à charge ! Un jour, j'ai eu le malheur de rapporter un pantalon à Mokhtar. Dara est aussitôt monté dans la chambre, sans dire un mot.

— Il est jaloux, il est parti bouder, m'a dit Mokhtar après être allé aux nouvelles.

Pire qu'un ado ! Du coup, si j'achetais des tongs à Mokhtar, je faisais de même pour Dara. Tout pareil, pour les deux.

Dara était aussi super capricieux. Un jour, j'ai reçu sur mon portable alors que j'étais au travail la photo d'un rasoir. C'était celui-là, pas un autre, que Dara voulait que je rapporte. Il l'appelait « le rasoir du shah d'Iran ». Il paraît que c'était son modèle fétiche. Sauf que le shah, c'étaient les années 1970... Au supermarché, j'ai trouvé des rasoirs cinq lames, très semblables, mais ça ne convenait pas. Il lui fallait celui du shah. Chercher le rasoir du shah d'Iran en promenant la photo dans Calais, c'est pas évident. Ce sont des rasoirs avec une vis où l'on insère les lames. Le supermarché m'a appris que le modèle n'était plus commercialisé : on ne vendait plus que les lames. Il a donc fallu que je lance une enquête sur mon lieu de travail : quelqu'un aurait-il ce modèle de brocante ? Une stagiaire a fini par m'annoncer :

— Oui, moi, j'ai encore celui de mon grand-père !

Marché conclu ! Dara était content, comme un gosse… Jusqu'à la fois suivante. Une histoire de bracelet-montre, dont il voulait tel modèle, identique au sien qui l'avait lâché. J'ai mis trois jours à le trouver. Mokhtar n'avait pas du tout ce comportement. Il était mûr, calme, le genre d'homme sur qui l'on peut compter. Mokhtar signifie « autonome » en iranien. Florian et lui s'entendaient super bien, comme deux amis. Je pense qu'un lien s'était noué entre eux le soir de la mise au point quand j'ai dévoilé notre histoire. Peut-être qu'ils se sont aperçus qu'ils m'aimaient tous les deux…

Les Iraniens étaient là depuis quinze jours quand j'ai organisé un nouveau barbecue, un dimanche soir, en invitant Joe et sa famille et mon vieux copain Jean. Et allez savoir pourquoi, j'ai eu comme une intuition.

— Dites-moi, c'est pas fini les vacances scolaires ? Elle revient quand, Ingrid ?

Effectivement, elles étaient finies, et je me suis dit : « Manquerait plus qu'elle débarque ce soir… » C'est à ce moment que le téléphone a sonné. Ingrid m'annonçait qu'elle était sur la route. J'avais prévenu Mokhtar et Dara que si elle arrivait, je préférais qu'ils aillent se réfugier dans la chambre afin qu'elle ignore leur présence. Elle était peut-être mêlée au sort qui leur avait été réservé à Bilbao. Les garçons sont montés dans la chambre. Quand elle est arrivée, pour achever de me mettre de bonne humeur, c'était avec le petit Égyptien. Le gamin était au volant de la voiture, tandis que deux réfugiés se tenaient à l'arrière. Autour de la table, l'accueil était frais, pour ne pas dire glacial. Mais elle a lancé comme si de rien n'était :

— Bonjouuuuur, tout le monde ! Alors, comment ça va, ma chérie ?

Je l'ai embrassée froidement pendant qu'elle ajoutait :

— Je suis venue récupérer mes affaires.

— Non… *Je* te donne tes affaires, et *je* ne veux plus te revoir ! T'es complètement inconsciente, en plus ! Tu fais conduire le gamin, il traverse Calais, le village, en étant réfugié ! Donc, tu me vires tes affaires, et vite !

Elle semblait tomber des nues.

— Mais qu'est-ce qui te prend ?

— Ce qui me prend ? Mais les Iraniens qui ont crevé de faim à Bilbao avec un bol de lentilles, ça te parle ? Le jeune que je retrouve dans ton pieu ?

Je n'ai pas pu me retenir. Tout est sorti d'un coup. Le petit Égyptien roulait des yeux sans rien comprendre. Jean s'est mis à lui traduire mes propos qui se suivaient d'une traite.

— Et toi, gamin, tu crois que c'est normal qu'elle fasse l'amour avec toi et t'appelle « mon bébé » ? Elle dit qu'elle te protège, mais elle ne te protège pas, tu comprends ? Elle profite de toi ! Rien à voir ! Alors, prends soin de toi, merde !

J'ai lancé à Ingrid :

— Toi, tu viens avec moi, on va chercher tes affaires au sous-sol et tu débarrasses le plancher !

— Mais… mais… Je ne peux pas, on est quatre dans la voiture, j'ai les deux autres migrants à l'arrière…

— Je m'en fous, tu te démerdes !

Devant l'immensité de son bazar, j'ai dû reconnaître qu'elle n'allait pas pouvoir tout emporter. En trimballant les premiers sacs, on est passés devant Joe qui a proposé :

— Moi, je peux en mettre dans la camionnette et te les déposer un de ces jours à la jungle, si tu veux.

Elle n'avait pas vraiment le choix. Juste avant qu'elle parte, j'ai dit à l'ado égyptien en le prenant par les épaules et en le regardant droit dans les yeux :

— Et toi, ne fréquente pas cette femme ! Elle est mauvaise pour toi !

Il m'a serrée dans ses bras, comme un gosse.

C'est ensuite que nous avons appris la vérité : en réalité, elle était arrivée chez moi avec toutes ses affaires uniquement parce qu'elle avait été virée du local associatif qu'elle occupait. Elle ne participait que très peu, se réveillait le matin pour partir avec son appareil photo dans la jungle, revenait le soir, mangeait à l'œil et allait se coucher. Du coup, il paraît qu'elle s'est installée ensuite un temps dans le coin des Soudanais. Je ne l'ai jamais revue. Mokhtar m'avait dit très vite à son arrivée : « C'est pas prudent que tu ailles à la jungle alors qu'on est là. Joe parle beaucoup, je voudrais pas qu'on te retrouve avec une balle dans la tête… » Parce que, en effet, je pouvais rapidement avoir l'air d'une passeuse en hébergeant des migrants et, avec la mafia locale, c'était risqué.

Début juin, les Iraniens étaient là depuis trois semaines quand Florian a lancé à Mokhtar entre la poire et le fromage :

— Pourquoi tu n'épouses pas maman ? Comme ça, tu restes ici ! T'as tes papiers, c'est parfait !

Mokhtar a souri, parce que c'était adorable et touchant, mais pas du tout son projet.

— Non, Florian, je veux aller en Angleterre. Travailler.

Je me suis permis de donner mon avis en riant :

— Florian, ce serait super sympa que tu me demandes avant de faire ce genre de proposition !

Je n'y avais jamais pensé parce que j'avais mille bonnes raisons de ne pas le vouloir. D'abord, le mariage par intérêt, très peu pour moi. Ensuite, j'aurais eu l'impression de mettre Mokhtar en cage, alors qu'il avait tant lutté pour sa liberté. Tant de kilomètres, tant de sacrifices, il fallait qu'il aille au bout de son chemin.

Et puis un jour, le coup de fil « tant attendu », avec tous les guillemets que cela mérite, est arrivé. C'était un dimanche après-midi. Ma mère n'était pas là, Dara était au premier étage, Florian chez un copain. J'étais seule avec Mokhtar, assise dans la salle à manger. Joe a été très laconique. J'ai juste dit à Mokhtar :

— Joe a dit que c'était bon. Il arrive pour nous expliquer.

— *Are you sure ?*

— *Yes...*

Mokhtar était super heureux. Je m'efforçais de sourire très largement aussi, en pensant à lui, pas à moi.

Il a appelé Dara à l'arrivée de Joe une demi-heure plus tard.

Un chauffeur routier dont Joe suivait les posts sur Facebook avait écrit sur sa page de profil : *Je pars pour UK lundi matin*. Une aubaine ! Joe a eu vite fait de localiser l'entreprise familiale pour laquelle travaillait le chauffeur, située à une cinquantaine de kilomètres de chez moi. Joe m'a proposé d'aller ensemble faire un repérage et, quand on est arrivés, c'était vraiment le rêve, des « plans » comme on n'en faisait plus : le parking, avec dix camions, était grand ouvert sur la route, comme sur une place de village. Rien n'était clôturé. Pas une caméra à l'horizon. Le « plan parfait ». Le jour J était le 6 juin.

Pendant les quatre jours qui nous en séparaient, Mokhtar était fébrile, tantôt heureux, tantôt inquiet.

Le soir de leur départ, je les ai aspergés de citronnelle qui avait la réputation d'éloigner les chiens, fréquents aux points de contrôle policiers. Dara, lui, croyait au poivre qu'il avait emporté pour s'en saupoudrer une fois dans le camion. Joe avait aussi prévu deux masques à oxygène, parce qu'un nouveau système de détection de CO_2 avait été mis en place, un appareil dont les patrons d'entreprise de transport équipaient désormais leurs remorques.

Alors que Mokhtar et Dara devaient voyager seuls, Joe est arrivé in extremis sans prévenir avec deux Soudanais, à ma grande contrariété. Les deux gosses de dix-huit ou vingt ans buvaient des Coca avec l'air aussi (peu) mûrs que mon fils. Mokhtar et Dara ont immédiatement fait la tête. Pour faire capoter une telle aventure, rien de tel que des jeunes qui peuvent perdre leur sang-froid, deux gars dont on ne savait rien. Mais ce n'était plus le moment de reculer. Je suis allée les poser à l'embranchement de la bonne route avec leur sac pour qu'ils se rendent au point de départ en stop, par prudence. Je suis sortie de la voiture pour dire au revoir. Mokhtar m'a embrassée sur la bouche très doucement, un baiser tout tremblant comme notre premier baiser, et il s'est éloigné très vite, pour éviter de nous déchirer davantage. Il a eu raison. Après, j'ai pleuré. Et je suis rentrée me planter devant un thé en attendant la suite des événements.

Dans le camion, Mokhtar me textotait sans cesse que les deux gamins s'agitaient : *Les cons, ils vont nous faire prendre. Le chauffeur va entendre quand il va arriver !* Finalement, ils se sont calmés. Nous n'avions aucune idée de l'horaire de départ. Ils attendaient. J'avais juste dit à Mokhtar : « Vérifie bien qu'il est écrit UK partout sur la marchandise. » J'avais mal, mais j'étais heureuse pour lui.

Je reproduis tels quels les textos que j'ai gardés, par cette nuit de mauvais suspense :

Mokhtar
6 juin 2 h 48
Go
We are in the truck
It is going to UK
[En pièce jointe : la photo des étiquettes d'expédition figurant sur les pièces métalliques avec l'indication UK.]

Moi
3 h 05
I love you be careful my love
3 h 16
Truck rolls or not ?

3 h 16
The sudani guys are speaking in the truck
Fuck
Roll ?
The truck is for UK
But are you sure the truck will go tomorrow ?
Monday ?

Yes

Sudani guys move a lot
Please tell Joe to call them not to talk
Please call Joe now
They move too much
Our truck is good

But they move a lot and the driver will know about us

I telephone soudanais

They are opening and closing the door of the trucks
This is a good chance for us my love

Yes I phone

3 h 49
I love you so much I pray for you

6 h 30
They arrest us
We go to jungle

J'ai téléphoné, démolie de tristesse et paniquée. Mokhtar m'a confirmé qu'ils avaient été arrêtés. Une policière l'a forcé à raccrocher. J'ai repris par texto.

Phone me et give me a police by telephone
Phone me and passes the policeman

Là, Mokhtar m'a rappelée quarante secondes après en me disant qu'il allait se faire prendre son téléphone.

7 h 11
Phone me when finish with a policeman. I love you

OK my love

7 h 47
We are here
[En pièce jointe : la place du centre-ville de Calais, dans l'aube.]

J'ai cherché à joindre Joe puisque, moi, je devais me rendre à Dunkerque et ne pouvais pas aller les récupérer. En vain.

OK. Joe ne répond pas.
Joe will not answer me

No problem
We are in a park
[En pièce jointe : Photo du parc de la mairie.]

OK

Le chien nous a trouvés juste après les points de contrôle près du navire
[En français grâce à Google traduction.]

Shit !

Koskesh dog
[« Foutu chien » en farsi.]

No chance

For you my love
[En pièce jointe : un bouquet de petites fleurs cueillies dans le parc.]

Je t'aime

Je t'aime beaucoup
[En français !]

J'ai fini par appeler la femme de Joe pour qu'elle le réveille parce qu'il ne répondait pas. J'étais paniquée.

— Ils sont tous les deux abandonnés dans Calais, on ne peut pas les laisser repartir à la jungle !

— OK, je pars en tournée, impossible de les prendre avant midi. Mais dis-leur midi. Qu'ils aillent à la jungle, manger à la Belgium, je les ramènerai de là.

Quand je suis rentrée le soir, Mokhtar et Dara faisaient une tête de six pieds de long. Je ne savais pas trop quoi dire pour les réconforter… Les Anglais avaient demandé quelques mois auparavant à ce que les points de contrôle soient multipliés, alors qu'autrefois il n'y en avait qu'un. Parfois, les camions étaient même entièrement scannés. Les clandestins s'étaient pourtant mis à y croire vraiment, parce que le camion avait « roulé roulé roulé », une heure qui leur avait sans doute semblé une éternité. À chaque point de contrôle sur la dernière portion du trajet, ils soufflaient un peu plus, l'Eldorado se rapprochait. Mais au troisième point de contrôle, les chiens se sont joints à la fouille. Mokhtar racontait qu'il chuchotait : « Non, le chien ! Va-t'en, le chien ! Va-t'en, le chien ! » Mais malheureusement, l'animal n'avait pas obéi. Mokhtar râlait : « C'était un petit chien en plus. Un chien qui ressemble à rien ! » Ils avaient été extraits du camion. Mokhtar avait alors tenté le coup auprès du vigile qui faisait office de douanier : « Bon, tu m'as pas vu, je t'ai pas vu, je remonte dans le camion et tout le monde est content. » Mais ça ne marchait pas comme ça. Le type a appelé la police, les agents sont arrivés et Mokhtar s'est retrouvé avec

Dara dans les rues de Calais, où il a cueilli des fleurs, avant de reprendre le chemin de la jungle à pied. Une nouvelle fois. Le même chemin. Un éternel recommencement.

Quand j'ai eu Joe au téléphone, il n'était pas très content de sa journée non plus. Il maudissait les chiens, disait que c'était sans doute devenu impossible de passer, que ça le serait de moins en moins. C'est là qu'on a à nouveau évoqué une éventualité déjà mise sur la table :

— Y a plus qu'une solution : acheter un bateau.

Quand Mokhtar et Dara avaient mentionné pour la première fois l'idée de traverser la Manche avec un petit bateau, ils étaient encore chez Joe. Ils parlaient de temps en temps de ce projet ensemble, mais c'était une idée folle. Aucun migrant n'avait jamais gagné l'Angleterre par la mer à ce que l'on sache, avec un rafiot trouvé on ne sait où et sans avoir la moindre connaissance de la mer. Les cinquante kilomètres entre Calais et Douvres étaient parmi les plus fréquentés du monde, par la police maritime, mais aussi par des ferrys, des paquebots, des navires de fret, des containers, toutes sortes de mastodontes qui ne pouvaient pas distinguer une coquille de noix entre deux vagues. C'était une sorte de roulette russe. Mais c'était la seule chose qu'ils n'avaient jamais essayée. La dernière fois que Mokhtar était monté sur un bateau, il avait failli mourir. Mais quand je lui ai parlé des risques, il a répondu :

— Je n'ai plus rien à perdre.

J'ai rectifié :

— Quand même, il y a moi, non ?

— Ne t'inquiète pas, il ne va rien m'arriver.

Il avait peur, mais la volonté est plus forte que la peur.

Chapitre huit

Nous sommes convenus que Joe se chargerait de la planification technique parce qu'il avait des amis pêcheurs qui pouvaient le conseiller au mieux. La bonne nouvelle, c'est que la mer était très fréquentée, mais les conditions météo étaient favorables en cette saison. Pour le port d'arrivée, on a d'abord pensé à celui des ferrys à Douvres, mais, la côte étant très surveillée, on a abandonné. Avec Google Maps, j'ai repéré Hastings, une réserve naturelle où ils devaient pouvoir accoster sans croiser la police. Calais se trouvait à une soixantaine de kilomètres de mer (on ne comptait pas en miles, on n'y connaissait rien), mais évidemment le port était sillonné par les gardes-frontières. Il valait donc mieux rallonger un peu le parcours et partir d'un lieu plus sûr.

— Et pourquoi ne pas partir de chez moi ? a suggéré Joe.

— De chez toi !

Je n'avais même pas remarqué que son village était à trois kilomètres d'une petite crique de sable ! On a donc établi que les Iraniens partiraient de la crique. Ils devraient s'éloigner aussi vite que possible de la côte française pour se retrouver dans les eaux territoriales anglaises. Être arrêtés là, au pire, leur garantissait l'Angleterre, sans assurance de s'y établir, bien sûr, mais c'était toujours un pas de plus. Restait à acheter le bateau et, pour cette mission aussi, Joe nous était indispensable.

J'ai toujours vu Joe comme le bon mec, dès le départ. Même si, dans la jungle, on peut dire que j'avais connu quelques déconvenues quant à l'honnêteté de l'humanité, avec Ingrid ou d'autres. J'ai vu défiler des bénévoles qui arrivaient en touristes à la Belgium, nous regardaient trimer à des moments d'affluence en fumant leur clope, des migrants qui tentaient de cambrioler un camion plein de linge apporté par des gens qui venaient de leur tendre leur assiette, un gamin connu pour ouvrir grand les bras en signe d'amitié et qui, quand on lui donnait l'accolade, en profitait pour vous faire les poches. Des preuves de la mesquinerie humaine, de son ingratitude, on en voyait tout le temps, mais l'erreur aurait été d'en faire une généralité, ou de s'arrêter à ça et en profiter pour ne plus rien faire. J'avais bien remarqué, pour le dire sobrement, que Joe n'était pas un saint. Qui l'est ? Je n'aime pas penser du mal des gens, je n'aime pas douter, alors je préfère y croire et me tromper quelquefois plutôt que de vivre dans une paranoïa permanente.

Un jour, en rentrant du travail, j'ai trouvé Mokhtar, l'air très renfrogné. Quand j'ai demandé à ma mère ce qu'il avait, elle m'a répondu, soucieuse :

— Écoute, je ne sais pas. C'est depuis un coup de fil à sa famille, je crois. Il parlait dans sa langue, en tout cas, mais je ne sais pas…

Je voyais Mokhtar pensif, qui semblait se creuser les méninges et de mauvaise humeur, penché sur son téléphone. Je lui ai lancé :

— Y a un problème ?

— Non, non, ça va…

— Non, ça va pas ! Je te connais, il y a un problème.

Il a fini par avouer :

— Ma famille a envoyé de l'argent… et il n'a pas été reçu.

— Comment ça ? Par qui ?

— J'ai demandé à ma famille de me poster un mandat Western Union, au nom de la femme de Joe.

— Mais pour quoi faire ?

— Pour le bateau…

— Hein ?

— Chez Joe, quand on a parlé du bateau pour la première fois, j'ai demandé à ma famille de m'envoyer 1000 euros, de quoi l'acheter. Ensuite, Joe nous a proposé le plan en camion, donc j'ai laissé tomber…

— Et ?

— Et maintenant qu'on a repris l'idée du bateau, Joe dit qu'il n'a jamais eu l'argent.

J'étais très étonnée que Joe ne m'ait pas parlé de cette histoire, mais ce n'était pas vraiment le sujet. J'ai continué :

— T'es sûr que ta famille a envoyé l'argent ?

— Oui, ils m'ont joint le reçu.

— Et il a été envoyé quand, cet argent ?

— Il y a deux semaines.

— Ah… Ah, oui, c'est carrément pas normal.

J'ai vérifié sur Internet et, effectivement, on peut toucher l'argent dans les quarante-huit heures. Il y avait donc vraiment un problème. J'ai dit :

— OK, je vais aller chez Joe dire bonjour.

Mokhtar n'a pas pu me retenir. Quand j'ai demandé à Joe où était l'argent, il a tout de suite pris à témoin sa femme :

— On n'y a pas été, hein, chérie ? Parce qu'on n'a jamais eu le numéro du mandat, nécessaire pour toucher l'argent…

Là, je lui ai tendu mon portable avec la photo du reçu, que Mokhtar lui avait évidemment transmis :

— Bah, tu vois, il est là, le numéro…

Joe a pris un air embarrassé.

— Ah ! OK, alors on va y aller, hein ? Et on te le rapporte la semaine prochaine ?

J'ai répondu :

— Non, l'argent, on l'a demain. Demain à 14 heures à la maison.

— Mais… t'es pas au boulot ?

— Si, si. Mais Mokhtar et Dara, ils seront à la maison. Ils sont majeurs et, en plus, c'est leur argent, pas le mien.

Le lendemain, on avait l'argent.

Cet épisode me laissait néanmoins un étrange sentiment de malaise.

C'est Joe qui a commencé à chercher un bateau sur un site Internet de petites annonces. Un soir, il m'a envoyé la photo d'un Zodiac qui semblait dans un très sale état. Ma première réaction a été : « C'est pas possible ! » Imaginer Dara et l'homme que j'aimais sur une telle épave me terrifiait, mais nous avons tout de même décidé d'aller y jeter un œil avec Mokhtar. Seuls. Sans Joe dont nous commencions à douter. Le risque, c'était que Joe se mette à donner dans le business, que j'aie l'air d'y être mêlée s'il dévoilait que j'hébergeais des Iraniens chez moi.

Le bateau n'était pas très loin de chez moi, dans une petite ville côtière. Un Zodiac ne m'avait jamais inspiré confiance, même si je n'y connais rien. J'y vois deux boudins pneumatiques. Qu'on me jure que le pneumatique est solide ne me rassure pas plus que ça. Et celui-là en particulier était couvert de morceaux d'adhésif. On a fait le tour, pas convaincus.

— C'est pour la pêche ? a demandé le vendeur.

— Oui, la pêche. On adore la pêche.

Le type n'a pas tiqué. Peut-être qu'il s'en fichait et voulait juste vendre son rafiot. On a fait le tour, l'air dubitatif. D'un coup, Mokhtar s'est accroupi et s'est mis à regarder dessous, alors que moi, j'étais obsédée par la vétusté du moteur, et rassurée par la présence de gilets de sauvetage, eux en parfait état. Mokhtar s'est relevé et m'a dit en anglais :

— Non, ça va pas le faire.

On a pris congé et, quand on est repartis, Mokhtar m'a expliqué que le dessous était encore plus rafistolé. Lui qui n'y connaissait rien en matière maritime, il m'épatait.

— Mais comment t'as eu l'idée de te coucher pour regarder la coque ?

— C'est quand même moi qui vais aller dessus ! Alors, je m'intéresse !

Quand Joe m'a proposé le lendemain d'aller voir le Zodiac, je lui ai répondu :

— Non, c'est fait.

— Mais comment ça ? Vous y êtes allés sans…

— Oui, et ça ne va pas !

— Enfin, vous êtes fous ! C'est une affaire. Rien que le prix du moteur dépasse le prix du bateau !

— Autant qu'ils aillent en Angleterre assis sur un moteur, alors ! Le moteur, c'est bien, mais ça suffit pas !

J'ai commencé à consulter les annonces moi-même, celles des petits bateaux de plaisance de « pêche promenade », avec une petite cabine dessus. J'en ai repéré un à 1200 euros, un à 1400 euros et un troisième à 1 600. J'ai envoyé les liens à Joe qui m'a répondu :

— Je vais regarder, mais c'est trop cher, ils avaient dit 1 000 !

— T'occupe ! Si ça colle, on se débrouillera, je les trouverai, les 200 euros qui manquent. Et je vais appeler les autres, voir s'il y a moyen de négocier.

— OK, je vois ça…

— Voilà, tu me dis.

Joe penchait pour celui à 1 400 euros, un bateau bleu et blanc dont la coque en résine devait faire un mètre cinquante de haut environ, pour cinq mètres de long. C'était un six places. J'ai appelé le vendeur, et je lui ai tout de suite mis le marché en main :

— Je n'ai pas 1 400. J'ai 1 000. Mais je les ai. Je les pose sur la table et je repars avec dans la foulée.

Il se trouve qu'en effet ce bateau avait à mes yeux une qualité particulière : il était vendu avec sa remorque. Donc prêt « à emporter ». Et ma voiture à moi disposait d'un crochet d'attelage, une option sur cette voiture d'occasion dont je ne pensais jamais me servir un jour, surtout pas pour aider un migrant à traverser la Manche !

Le type avait, semble-t-il, déjà reçu des appels sans aucune visite concluante. Il était donc bien disposé. Il m'a donné de plus un argument qui abondait dans mon sens pour obtenir ma ristourne.

— Ce matin, il ne démarrait pas. Mais enfin, ça va certainement s'arranger…

— Si, en plus, il ne marche pas très bien…

Le vendeur n'était pas emballé, mais rendez-vous a été pris. À cause du problème technique, j'ai demandé à Joe s'il pouvait nous accompagner le lendemain, pour voir ce qu'avait ce moteur, si c'était grave ou non. Moi, son allure m'inspirait confiance !

Le 9 juin au soir, parce qu'ensuite je devais être en déplacement pour deux jours, je suis rentrée du travail pour prendre Mokhtar au passage, puis Joe. Dara, comme d'habitude, a eu la flemme de venir :

— Allez-y, vous m'enverrez la photo, je vous fais confiance !

Une fois sur place, le type nous a un peu surpris parce que lui et sa femme regardaient le bateau comme s'ils avaient une soucoupe volante dans leur garage. Le vendeur avait l'air de ne rien y connaître du tout ! À peine s'il savait sur quel bouton appuyer pour le démarrer.

Joe a essayé de lancer le moteur une fois, deux fois, trois fois, et, après un petit bricolage, a fini par lâcher, soulagé :

— C'est bon, ça va démarrer.

Mokhtar était surtout préoccupé par la coque, moi, par les gilets de sauvetage, une obsession, et Joe faisait son inspection mécanique. À un moment, le type nous a demandé :

— Vous voulez l'ancre ?

— Non, on n'a pas besoin de l'ancre !

— Vous êtes marins, alors ?

— Non, c'est pour mon grand-père [il est mort, le pauvre, mais j'avais mis au point toute l'histoire]. J'ai décidé de lui faire plaisir pour sa fête !

J'ai lancé à Joe, qui passait pour mon frère :

— Hein, Papi, il va être content ?

— Sûr ! a répondu Joe.

Après une petite demi-heure, Joe nous a regardés, Mokhtar et moi.

— C'est bon pour moi…

Mokhtar a dit :

— Pour moi aussi…

J'ai enchaîné :

— OK pour moi aussi.

Mokhtar a envoyé la photo à Dara. Après quelques secondes, la réponse s'affichait sur l'écran : *OK for me*.

Les négociations ont commencé : le bateau n'avait pas démarré du premier coup, il y avait une petite fuite d'huile, sur laquelle j'insistais avec ma science de marin :

— Moi, ça m'inquiète, cette fuite d'huile… Ça peut être grave. Je sais pas si Papi sait réparer. À 1000 euros, je vous le prends tout de suite, comme je vous l'avais promis. Pas 1200. Mais je vous laisse l'ancre !

Le type a accepté après avoir jeté un œil à sa femme, qui a hoché la tête. Est venu le moment délicat de remplir les papiers pour établir la carte grise. Je savais qu'il pouvait me demander ma carte d'identité. Je comptais donc donner mes vraies coordonnées, prendre une photo du bateau dans mon jardin, puis dire que je me l'étais fait voler pour me débarrasser du problème. Le vendeur avait imprimé un acte de vente standard, que j'ai commencé à remplir quand j'ai eu une surprise.

— Dites-moi... Sur votre carte grise, là, il y a un souci ! C'est pas la bonne adresse, c'est une adresse à Roubaix ! Et... Mais c'est pas votre nom !

Là, le vendeur a pris une mine très embarrassée.

— Je vous explique... C'est pour ça que je vous le fais à 1 000 euros... Un ami m'a emprunté de l'argent il y a deux ans, en me laissant le bateau en gage. Comme il ne peut toujours pas nous payer, avec ma femme, on a pris la décision de le vendre. Je n'ai jamais mis les papiers à mon nom étant donné que je n'ai jamais fait de bateau de ma vie.

Là, j'ai saisi l'aubaine inespérée.

— Mais c'est embêtant... Va falloir changer le nom... Je vais payer une fois pour l'inscription à mon nom et une deuxième fois pour la cession au nom de mon grand-père... Écoutez... Le mieux, c'est que je mette directement les papiers au nom de mon grand-père. Hein, Joe, si on le mettait au nom de Papi ?

Joe était emballé, évidemment.

On a donc établi la carte grise au nom de Robert Desmaret, mon « grand-père » (Paix à son âme !), qui habitait Étaples, la ville portuaire la plus proche, au 22 de la rue Principale. Pas sûr qu'elle existe. Finalement, tout le monde était content ! Et nous voilà repartis avec le bateau, qu'on a entreposé directement dans le garage de Joe. Le lendemain, l'un de ses amis pêcheurs est venu en faire le tour, le graisser et faire le plein de carburant. La date du départ a été fixée à la nuit du vendredi 10 au samedi 11 juin, au moment le plus favorable : à l'aube, entre chien et loup. Les spécialistes promettaient une mer d'huile.

Mokhtar s'est entendu avec Dara peu avant leur départ pour sauver un autre Iranien de la jungle puisque le bateau comportait six places. Il ne souhaitait pas le remplir pour autant, mais il avait été ému par le sort de Khandan, un jeune d'une vingtaine d'années dont la vie avait paraît-il été particulièrement dure. Mokhtar disait souvent : « Il est tellement gentil, et si jeune, il galère, il galère… » C'était aussi quelqu'un de sûr, qui ne parlerait pas. Il a continué à dormir à la jungle pendant qu'à la maison, Mokhtar et Dara tuaient le temps sur Internet ou devant la télé.

Le mercredi et le jeudi, sur la route et en formation, je me disais : « On y est. » Le jour redoutable. Le bateau attendait dans le garage de Joe sur sa remorque. On ne pouvait plus reculer. J'étais triste. Ma belle histoire d'amour était finie. Une page se tournait. Dans des moments d'angoisse, je pensais : « Il va y rester. » Je me prenais parfois à regretter que cette saleté de moteur ait démarré. À prier pour qu'il fasse un temps « de merde ». Mais le soleil était au beau fixe, une horreur. Mokhtar et moi, nous ne parlions pas du départ. Jamais. Ni la nuit ni le jour. Je refusais d'y penser. Je voulais croire notre bonheur éternel. Je goûtais chaque seconde.

Demain n'existait pas. Mokhtar était content, je le savais, même s'il était partagé, anxieux. Il se taisait donc.

J'avais demandé ma journée à mon patron et, le soir, j'avais prévu de faire un barbecue dans le jardin, comme si de rien n'était, alors que le départ devait avoir lieu au petit matin.

Juste avant le repas, Joe a appelé :

— T'oublies pas, c'est cette nuit…

J'ai répondu :

— Non, ça peut attendre…

Je faisais un blocage. Joe a continué :

— Non, déconne pas ! Parce qu'après, on est partis pour trois semaines de mauvais temps. Mon copain m'a confirmé, il n'y a pas de vent, pas de vagues, rien, le moment idéal.

La mort dans l'âme, juste avant le repas du soir, je suis allée à la jungle chercher le troisième « voyageur », Khandan. Il avait finalement fait le choix de dormir dans les fameux containers, parce qu'il n'en pouvait plus du froid, de l'humidité et des intempéries. On avait pu constater avec lui que l'ouverture par empreinte biométrique ne les piégeait pas : ils n'étaient pas « dublinés » en France pour autant. Khandan m'attendait avec son petit sac comme convenu sous le pont à l'entrée, là où j'avais déposé le jeune gars pris en stop qui m'avait fait voir la jungle pour la première fois de ma vie. J'ai regardé le pont, et je me suis dit : « Quel chemin parcouru ! » En un an, il s'était comme écoulé une vie.

On a dîné, bu du Coca, du café, beaucoup de café… Il y avait une bonne ambiance. On ne parlait pas du départ. Je voyais juste à certains signes de nervosité et quelques regards angoissés que Khandan, bien plus jeune que ses compagnons, n'était pas tranquille du tout. L'atmosphère a commencé à se rafraîchir. On a ramassé les assiettes et on est rentrés. Et puis il a bien fallu en parler, parce que Florian a descendu l'escalier quatre à quatre pour me lancer :

— T'as pas oublié un truc super important ?

— Je vois pas…

— Réfléchis !

— Les gilets, c'est bon, le plein, c'est bon…

— Ben, les numéros d'urgence des secours en mer !

Là, il nous a tendu un papier, avec tous les numéros utiles, anglais et français. Ça devait le travailler, le gamin… Il m'a épatée ! Mokhtar les a enregistrés dans son téléphone.

Est arrivé le moment des derniers préparatifs, ils sont montés se laver, réunir le peu qu'ils emportaient, quelques vêtements dans un petit sac à dos et un sac-poubelle de cent litres. Je l'ai fermé avec de l'adhésif pour travaux qui sert à éviter les coulures en peinture. Heureusement, Florian est intervenu :

— Tu les vois, avec les rasades d'eau de mer et ton scotch bon à rien ?

Il est descendu au sous-sol chercher un rouleau d'adhésif étanche, acheté pour réparer les fuites sur sa moto. Un vrai chef ! Il a aussi pensé à donner à Mokhtar une batterie de secours pour son téléphone. Il pensait à beaucoup de choses, Florian, pour quelqu'un qui ne voulait pas de migrants à la maison au départ !

On s'est couchés vers 1 heure, mais je crois que personne n'a fermé l'œil. En tout cas, ni Mokhtar ni moi. On s'est fait un dernier câlin. On a parlé, et j'ai fini par craquer, m'effondrant en larmes : c'était de l'inconscience, ils allaient mourir ! Mokhtar me rassurait. Un comble !

— J'ai traversé la Méditerranée, c'est pas un petit bras de mer qui va me faire peur.

Et moi, comme une conne, je répétais :

— Mais Mokhtar, c'est sillonné par les porte-containers. La hauteur d'un immeuble, ça a ! T'imagines ?

Mokhtar et moi, on s'est levés pour faire le café vers 3 heures du matin. Les garçons sont descendus, habillés chaudement. Ils n'ont rien pu avaler. Maman et Florian leur ont dit au revoir. En embrassant Mokhtar, ma mère pleurait. Ils ont pris chacun son petit sac à dos, son gros sac-poubelle, et on est montés dans la voiture, Dara et Khandan à l'arrière, Mokhtar sur le siège passager à l'avant, à côté de moi au volant. Pendant la trentaine de kilomètres qui nous séparaient de la petite plage, on a écouté en boucle « With or without you », la chanson de U2 qu'on adorait et qui est devenue notre hymne. Quand je passais les vitesses, Mokhtar posait pudiquement sa main sur la mienne. J'ai fini par laisser ma main sur le levier. Ces moments-là, on ne les oublie pas.

Joe nous attendait, sa femme sur le pas de la porte pour dire au revoir et souhaiter bonne chance aux garçons. On a accroché la remorque à ma voiture et on est partis, avec Joe, directement sans prendre le temps d'un café. Il ne fallait surtout pas qu'on se pose. Il était 4 heures du matin quand on est arrivés près de la petite plage encore plongée dans l'obscurité. Au moment du repérage, Joe n'avait pas remarqué qu'il fallait descendre quelques mètres de chemin sablonneux pour atteindre le bord de l'eau, dans lesquels on s'enfonçait trop pour les faire en voiture. À pied, à nous cinq, on a réussi à tirer la remorque. Dans un coin, on a aperçu deux pêcheurs. Jusqu'au bout, on a redouté d'éveiller leurs soupçons, mais il était trop tard pour faire marche arrière. Ils ne nous ont pas abordés du tout : je pense qu'ils n'ont pas deviné ce qui se préparait. Un peu naïvement, on avait mis des cannes à pêche à bord du bateau, pour qu'en cas de contrôle les trois Iraniens se fassent passer pour des pêcheurs. Mokhtar avait même appris en français la phrase qui devait assurer son salut si la police française approchait : « Fais pas chier, je pêche ! » Le tout avec l'accent iranien ! Il la sort encore parfois en riant. On riait moins à ce moment-là, évidemment.

Le bateau flottait. C'était déjà ça. Mokhtar a dit « À tout à l'heure », comme pour forcer le destin. Je me suis obligée à répéter après lui « À tout à l'heure ». On s'est dit « Je t'aime ». J'ai pas pleuré. J'ai pas hurlé. À son image.

J'ai regardé l'homme que j'aimais et ses deux compagnons d'infortune s'éloigner en me disant : « C'est foutu. » Je ne pensais même plus à notre histoire. J'étais sûre que Mokhtar allait mourir. Je restais statufiée sur la plage. Je voulais les accompagner du regard jusqu'à ce que leur bateau ne soit plus qu'un point à l'horizon, mais Joe m'a tirée par la manche.

— Allez, on y va maintenant, on peut pas rester, ça craint trop.

Joe et moi sommes remontés en voiture, abandonnant la remorque sur la plage. Elle ne me servirait plus à rien. J'ai déposé Joe chez lui puis, sur la route du retour, j'ai chialé. Chialé comme jamais auparavant. Pour moi, Mokhtar, je l'avais amené au bord de sa tombe. Pire, je l'avais creusée en l'aidant à choisir son bateau. Son cercueil.

À 5 heures du matin en arrivant chez moi, j'ai foncé sur l'ordinateur. Le risque était qu'ils se fassent attraper très vite, dans les eaux françaises, ils seraient alors « dublinés » en France et c'en serait fini de leur rêve britannique. Je ne me serais pas réjouie que Mokhtar soit bloqué en France par des accords internationaux. Encore moins de le savoir enfermé dans un centre de rétention ou d'orientation. Mokhtar voulait la liberté. La liberté ou la mort. Dès 7 heures du matin, je ne tenais plus. Je lui envoyais des tas de messages, j'appelais, je tombais sur son répondeur. Mais je ne cessais de me répéter que c'était normal parce que le GPS devait être branché sur son portable comme sur les commandes du bateau. S'il coupait le GPS pour lire mes messages, je risquais en plus de le mettre en danger. De « bouffer » la batterie. Alors, j'ai arrêté.

Je suis restée assise toute la journée devant mon ordinateur posé sur la table de la salle à manger. De temps en temps, je faisais le tour de la table, j'allais chercher un café. Je fumais nerveusement cigarette sur cigarette en épluchant tous les sites Internet d'actualités. Je buvais des cafés à la queue leu leu. Je tapais tous les mots-clés possibles : « iraniens passage », « naufrage migrants », « channel », « bateau migrants ». De temps en temps, je me levais, j'allais me refaire un café, je faisais deux fois le tour de la table, puis je me remettais devant l'ordinateur. J'ai cru que j'allais devenir folle. Dans le salon ou à table près de moi, il y avait Florian, qui marmonnait ou faisait aussi les cent pas, maman qui se tordait les mains d'inquiétude, tentant des paroles rassurantes :

— T'en fais pas… Ça va aller… Arrête donc avec l'ordinateur, va prendre le soleil dans le jardin…

Je répondais non à tout. Vers midi, elle n'a pas pu s'empêcher :

— T'as faim ? Je te prépare un petit quelque chose ?

— Tu rigoles ?

— Mange donc…

— Pas faim.
— Mais ça changera rien, de toute façon…
— ARRÊTE !
J'étais sur les nerfs.
Florian et ma mère ont picoré trois bricoles sans un mot. On n'avait le cœur à rien. La veille encore, on avait à table nos deux invités, on riait. Le sourire de Mokhtar… Ses yeux malicieux qui me regardaient en coin. Notre complicité. Il avait l'air toujours heureux, si heureux…
Ma mère est allée s'affairer dans la cuisine, Florian dans sa chambre. De temps en temps, elle se pointait avec du café.
— Je t'en remets un peu ?
Je ne répondais même plus. J'étais ailleurs. Perdue. Les yeux usés par l'écran. Je m'arrachais les cheveux. Le cendrier était plein à ras bord de mégots. Un paquet de clopes réduit en cendres en une demi-journée. J'attaquais le suivant. Je suis finalement allée mettre le nez dehors, parce que le temps que je fasse l'aller-retour, ça tuait bien cinq minutes. Mais je regardais le jardin avec les yeux de Mokhtar, parce que la veille encore… J'ai essayé de me concentrer sur la caresse du soleil, mais je ne sentais rien. Je crevais de froid. J'ai fixé le soleil dans les yeux, observé le bleu du ciel sans nuages. Au moins, sur la météo, on ne nous avait pas menti. Il faisait beau. Si Mokhtar… Enfin, s'il lui arrivait un malheur, ce ne serait pas à cause du mauvais temps. Un malheur qui était impossible, évidemment. J'essayais de m'en persuader. La minute d'après, je délirais, il allait se

noyer, la mort par noyade, c'est tellement horrible… Je chassais l'idée. Je retournais à mon ordinateur. Je tapotais. Rien ! Arrivée à la fin de l'après-midi, j'ai cru que je devenais folle : il était inconcevable que je ne trouve aucune nouvelle ! Soit Mokhtar réussissait et il m'appelait – j'y croyais de moins en moins –, soit il était repéré à l'arrivée, et leur arrestation serait relatée dans la presse, soit il faisait naufrage et leur « repêchage » ferait également l'objet d'un article, soit il faisait un naufrage fatal et… on retrouverait au moins l'embarcation, une trace, non ? Est-ce qu'on pouvait, sur une si courte distance, par beau temps, disparaître en mer corps et biens, sans laisser de trace ? Justement, qu'est-ce qu'on en savait, s'il n'y avait pas de trace ? J'en ai entendu toutes les semaines des histoires de migrants, partis pour l'Angleterre, par la terre eux, qu'on n'avait jamais revus, dont on n'avait jamais retrouvé le corps puisque sans papiers. Alors, en mer… Si ça se trouve, c'était déjà arrivé.

Florian faisait des allers-retours entre sa chambre et la salle à manger en me jetant des coups d'œil inquiets. Ma mère me demandait régulièrement :

— Toujours rien ?

Toujours rien.

La fin de la journée approchait. Sans nouvelles, je m'apprêtais à ne pas dormir, à ne jamais me coucher, comme si ma vigilance pouvait les tenir en vie. Ils étaient partis à 4 heures du matin. Mettre autant de temps à traverser la Manche était inconcevable… Et puis soudain, sur le site Internet du *Daily Mail*, à 17 h 44, un petit article : « Trois migrants iraniens ont été secourus par les gardes côtiers. » J'ai sauté de ma chaise et j'ai hurlé dans la maison :

— Maman ! Florian ! Ils sont vivants ! Ils sont vivants !

Maman et Florian ont déboulé autour de l'ordinateur. Florian a lu l'article, ma mère trépignait pour que je traduise plus vite. Je suis sortie respirer dehors. Je planais. *Vivants !*

J'ai activé l'option traduction de l'article pour avoir le détail, et ce que j'ai lu m'a donné des frissons : il était 9 h 30 quand leur coquille de noix avait commencé à sombrer et qu'ils avaient appelé les secours, à cinq kilomètres du port de Hastings, leur destination finale. Ils n'ont d'abord pas été repérés lors des premières recherches. On les a récupérés in extremis. Une heure de plus et c'était fini. Pour le reste, l'article délivrait de fausses informations, données par les intéressés j'imagine. Ils avaient visiblement évoqué des passeurs pour brouiller les pistes… Ils avaient dû avoir la peur de leur vie ! Ma hâte, maintenant, c'était d'avoir des nouvelles directes de Mokhtar. Où était-il ? Comment se sentait-il ? À quel point avait-il eu peur ou froid ? J'avais besoin de lui dire « je t'aime », de le rassurer, de lui jurer que tout irait bien désormais. Il y était arrivé, au bout de son rêve. Presque, puisqu'il était encore expulsable, mais enfin, physiquement, il était au terme d'un périple qui avait duré onze mois. Onze mois depuis l'Iran. Quelle victoire…

J'avais envie à la fois de hurler ma joie et de me tordre d'inquiétude : pourquoi n'appelait-il pas ? Pourquoi ? Je regardais mon portable toutes les secondes. Je le secouais. Des fois que ça me rapporte des nouvelles. Je vérifiais mes SMS, au cas où le texto serait arrivé sans notification. On ne sait jamais, hein…

Une folle. Je crevais d'envie de le serrer dans mes bras. Et de l'entendre, au moins l'entendre.

Chapitre neuf

Je n'avais aucune nouvelle depuis deux jours. Je ne vivais plus. J'allais juste travailler, comme un zombie. Deux jours sans manger ni dormir.

Mokhtar m'avait pourtant prévenue : s'ils étaient arrêtés, les téléphones étaient confisqués immédiatement par la police pour exploitation des données. N'empêche. Je donnais mes cours avec le portable posé sur le bureau. Et puis au milieu de l'après-midi, enfin, le portable a vibré ! J'ai sauté dessus. J'ai prétexté auprès de mes stagiaires avoir oublié quelque chose, j'ai embarqué discrètement le portable et j'ai foncé dans le couloir lire le message Messenger émanant d'un numéro anglais inconnu : *C'est Mokhtar, j'ai trouvé un téléphone, ne t'inquiète pas, tout va bien.* C'était un peu court. Mais c'était toujours ça. Je lui ai répondu : *Je suis trop heureuse. Je t'aime.* Quelques jours plus tard, toujours sans téléphone, il m'a dit via Messenger avoir été transféré à Londres puis, le 16 juin, emmené à Wakefield, dans un centre pour réfugiés en attente de statut. C'était un jeudi.

J'ai regardé sur une carte où se trouvait Wakefield : à trois cents kilomètres au nord de Londres. J'ai répondu : *OK, je vois où c'est. Je viens demain.*

Mokhtar n'avait pas été séparé de Khandan, ils étaient dans le même centre, mais Dara avait lui été retenu à Londres, parce qu'il avait voulu jouer au malin. Quand ils s'étaient fait arrêter, on leur avait confisqué leur téléphone comme prévu. Le but est de retrouver des indices, des coordonnées, de pouvoir remonter éventuellement jusqu'à ceux qui ont facilité leur passage. Mokhtar et Khandan n'avaient pas manqué de tout effacer, pour éviter que quiconque ait des ennuis, mais Dara, avec son entêtement légendaire, avait gardé des photos. Mokhtar a spontanément donné le code de son portable. Le flic a pu constater que son téléphone était absolument vide. Il l'a alors regardé avec un petit sourire et lui a lancé : « Bien joué ! » Ils connaissaient la musique. Il s'est passé la même chose avec Khandan. Mais lorsque le tour de Dara est venu, il a prétendu avoir oublié le code. Du coup, au lieu d'être orienté selon la procédure habituelle pour être entendu à Londres, le flic lui a dit : « Nous prends pas pour des cons ! Quand la mémoire te reviendra, tu nous feras signe ! » Après deux jours en centre de rétention, Dara a évidemment donné son code, mais ils l'y ont gardé une semaine en guise de représailles. Il a écrit à Mokhtar qu'il trouvait son sort injuste et… que j'aurais pu m'occuper de lui ! Mokhtar m'a confié que, selon lui, ils l'avaient pris pour le passeur lui-même parce qu'il conduisait le bateau. Quand j'ai appris ça, j'ai tout de suite voulu résoudre le problème et appelé une avocate anglaise, amie d'une copine.

— Si c'est comme ça, je me dénonce. Pour bien montrer qu'il n'est pas passeur.

Elle m'a répondu :

— *You are so sweet*... mais ne fais jamais ça !

J'étais vraiment prête à y aller. L'avocate m'a appris dans la foulée que le cas de Dara s'était trouvé compliqué par une photo : on le voyait faire le guignol avec la carabine d'ornement de Joe, celle qui était suspendue au mur de son salon. C'était une carabine à plombs, pas une arme de guerre, mais pour un migrant, par les temps qui courent, ça faisait mauvais genre, cela ajouté au fait qu'il conduisait le bateau. J'ai envoyé les traces de mes échanges avec l'avocate à Dara pour preuve de ma bonne volonté. Il est revenu à de meilleurs sentiments, mais il était furieux de son sort. Qui plus est, il avait été dubliné en Allemagne !

Celui de Mokhtar était effectivement plus enviable : trois jours après, il avait sa carte officielle de répertorié sur le territoire anglais et m'en envoyait fièrement une photo par Messenger. C'était l'euphorie. Pour la première fois après presque un an, il retrouvait des papiers, son identité, avec sa photo, son nom de famille, ses date et lieu de naissance, sa nationalité. Cette carte ne lui donnait aucun droit, sinon celui de ne pas être interrogé à nouveau sur les motifs de sa présence en cas de contrôle. Pour le reste, il devait attendre que les services de l'immigration lui fixent le rendez-vous pour l'« interview », un entretien préalable à l'obtention éventuelle du statut de réfugié. On l'avait prévenu que c'était une épreuve de force. Le questionnaire concernant le motif de la demande, économique, religieux ou politique, comportait cent quatre-vingts questions sur la biographie, l'éthique et les projets d'avenir.

Avant ma venue, Mokhtar m'a demandé une seule chose : lui trouver un téléphone pas cher chez Easy Cash et des cartes Lyca, prépayées et valables pour le monde entier. Il n'avait toujours pas récupéré son mobile. Il avait écrit, comme on le lui avait demandé, pour se le faire renvoyer, mais les migrants revoyaient rarement leur appareil. C'est sans doute encore un bon petit business qui tourne à leurs dépens !

Depuis une semaine, j'avais coupé les ponts avec Joe par méfiance et prudence, mais j'ai dû le revoir pour lui demander une carte SIM et des cartes Lyca, disponibles dans la jungle. Si l'affaire de la fuite des Iraniens venait à se savoir là-bas, comme il avait tendance à se vanter de ses exploits, je pourrais facilement avoir des ennuis, pas uniquement avec les passeurs, mais aussi avec la police. Je me doutais bien que ce que j'avais fait n'était pas très légal, même si c'était parfaitement moral, seule chose qui m'importait. Je l'ai contacté de façon détournée parce que j'avais effacé son numéro de mobile et l'avais ôté de mes contacts Facebook. Quand on s'est retrouvés à côté de la jungle, au lieu d'y entrer, il m'a demandé de le suivre en voiture, et il s'est garé devant l'une des rares petites maisons qui la longeaient.

— Viens, on va chez Farida.

Farida, c'était une jeune femme qui n'avait pas bonne réputation, car elle avait des liaisons qui déplaisaient profondément à Mokhtar. Il la connaissait parce qu'elle s'était mise à sortir, puis à vivre, avec Mahmoud Zadeh, l'un des Iraniens qui s'étaient cousu la bouche, que Mokhtar n'appréciait pas spécialement non plus. J'ai d'abord refusé de descendre de la voiture, mais Joe a insisté :

— Il n'y a que Mahmoud Zadeh qui peut aller te chercher ça dans la jungle.

Je n'avais pas de temps à perdre. J'ai fini par céder, me faisant accompagner par Mahmoud Zadeh jusqu'à l'Auberge des migrants, qui délivrait le nécessaire. J'ai été d'une prudence extrême : même à Joe, je n'ai pas dit que j'allais en Angleterre. J'ai prétendu donner les cartes à quelqu'un qui irait les porter à Mokhtar. C'est la seule fois où j'ai rencontré Farida, cinq minutes sur le pas d'une porte, comme Mahmoud Zadeh.

Le 17 juin, je suis partie en Angleterre le vendredi midi après le travail, mettant la voiture sur le bateau, avec une angoisse : comment conduire à gauche ? Ça m'obsédait. Finalement, ça a été tout seul au bout de quelques kilomètres. Je ne parlais pas anglais, je ne voyageais jamais, mais j'aurais retrouvé Mokhtar au bout du monde. Il m'avait envoyé l'adresse du centre en photo, notée sur un morceau d'enveloppe déchirée. Mais quand je suis arrivée vers 18 h 30 à Wakefield, je me suis retrouvée devant… une pizzeria ! J'ai sifflé devant pendant dix minutes, imaginant qu'ils étaient peut-être logés au-dessus. Sifflé sans réponse. Jusqu'à attirer le serveur dehors. Il m'a dit :

— Ah non, madame, personne n'habite ici…

Mokhtar m'avait donné une mauvaise adresse ! De 18 h 30 à 22 heures, de plus en plus énervée et angoissée, j'ai sillonné le quartier. J'ai fini par céder au désespoir.

Je ne pouvais communiquer avec Mokhtar que par Messenger, et uniquement quand il allait se connecter à la bibliothèque voisine de son centre, où ils disposaient d'un accès Internet gratuit. J'ai réussi à trouver la bibliothèque en question. Fermée bien entendu. Et il n'y avait pas l'ombre d'un centre, à côté ! Rien ! Alors, j'ai recommencé à quadriller la ville. Perdue. Égarée. Et seule. Seule comme je ne l'avais jamais été.

À 1 heure du matin, je me suis dit que c'était fichu. La fatigue, l'épuisement nerveux ont fini par avoir raison de notre logique… J'avais réservé un hôtel où je me suis résolue à rentrer pour aller dormir, folle d'avoir tourné des heures dans cette ville « débile », partagée entre la rage et le désespoir. À 1 h 54 du matin précisément, je lui ai écrit : *Je te cherche, you gave me shit address, I am furious !* À 2 h 52 : *Je m'en vais dans mon hôtel, stupid boy !* Suivait l'adresse de l'hôtel, que je lui donnais quand même. Et avant de fermer l'œil, j'ai envoyé un rageur : *Appelle-moi demain si tu veux.*

À 10 heures du matin, j'ai glissé directement de mon lit au volant de ma voiture, sans même prendre le temps d'un café. J'ai pensé que cet abruti finirait bien par aller se connecter à la bibliothèque. J'en prenais la direction quand j'ai aperçu Khandan sur le trottoir ! Il était en train de parler avec quelqu'un. Sauf qu'à cause du flux de la circulation, je n'ai pas pu m'arrêter et, le temps de faire demi-tour, il avait disparu ! J'enrageais encore.

La bibliothèque était un genre de ruche où des dizaines de gens pianotaient sur leurs ordinateurs, tête baissée. Mais pas trace de Mokhtar ! Je me suis installée et je lui ai écrit à 12 h 26 : *Je suis allée à la bibliothèque, je te cherche et j'hésite maintenant entre deux options : ou je te tue, ou je romps.* J'ai quitté le bâtiment. Dix minutes plus tard, j'ai reçu : *Je t'ai attendue jusqu'à 4 heures cette nuit. Est-ce que tu viens ? Voilà l'adresse que je t'avais envoyée.* Mokhtar était à la bibliothèque ! J'étais sortie d'un côté pendant que lui entrait de l'autre ! En revanche, il faut bien dire que l'adresse de son centre, qu'il me donnait maintenant sur Messenger, n'était pas du tout la même que celle indiquée sur l'enveloppe ! Lui m'avait attendue jusqu'à 4 heures du matin en multipliant les allers-retours entre son centre et la bibliothèque où nous nous sommes manqués. Il se disait de son côté que je ne viendrais jamais. Tous les deux, on s'est demandé si l'autre n'avait pas laissé tomber, même si on s'était parlé la veille encore !

Le centre était en effet juste derrière la fameuse bibliothèque. C'était un énorme bâtiment, avec quatre-vingts places d'hébergement. Là, j'ai vu Mokhtar déboucher au coin de la rue, reconnaître la voiture, et se mettre à courir comme un fou. Je suis sortie de la voiture, je me suis précipitée vers lui. On s'est jetés dans les bras l'un de l'autre. On s'est serrés à se briser les os. Embrassés à en perdre haleine. Encore un moment qui compte parmi les plus beaux de ma vie. Mokhtar a le don de les inventer.

Je rêvais d'un café, moi qui ne carbure qu'à ça dès le lever, ce matin-là, j'avais manqué le mien. On s'est attablés à la cafétéria de la bibliothèque. Je n'arrêtais pas de lui toucher la main, de lui serrer le bras, comme pour vérifier qu'il était bien là, bien vivant… Mon rescapé. Mon naufragé. Mon héros « pour de vrai ». Il m'embrassait, il souriait, il racontait des bribes de vie des derniers jours, qu'il ne terminait jamais parce qu'on s'embrassait encore. On a filé au centre, discuté cinq minutes avec Khandan et on a ramassé vite fait les affaires de Mokhtar pour qu'il vienne dormir avec moi à l'hôtel. Il a prévenu qu'il ne rentrerait pas le soir et on a regagné ce lit que j'avais maudit la nuit précédente. Nos embrassades étaient entrecoupées de récits du périple en mer et des mésaventures avec la police et les services de l'immigration.

Quand les garçons sont arrivés à proximité des côtes anglaises, sans les distinguer encore pour autant, le bateau a subi un genre d'avarie. Difficile à diagnostiquer, même a posteriori, puisque ni lui ni moi n'y connaissons rien. Disons que le trou qui sert à écouler le trop-plein d'eau au fond du bateau s'est mis à refouler l'eau vers l'intérieur, de plus en plus. Le bateau a commencé à se remplir, dangereusement, puis à chavirer. Chacun a alors réagi en accord avec son caractère : Dara tenait le cap, droit comme un I aux commandes, sans vouloir bouger, en fumant sa cigarette comme un condamné ; Khandan était pétrifié de peur et a fini par vomir par-dessus bord et Mokhtar écopait en hurlant à Dara de venir l'aider. Mais Dara répondait durement : « S'il faut mourir, on mourra ! » C'est là que Mokhtar, qui se sentait un peu seul, a repensé au large scotch avec lequel Florian avait fermé les sacs en disant qu'il était étanche. Il a décidé de tenter le coup et s'est attelé à la tâche difficile de défaire tous les sacs-poubelle pour en récupérer l'adhésif et boucher le trou, ce qui n'était pas évident avec la panique, l'énervement et de l'eau jusqu'aux genoux. Mais ce n'était pas suffisant. Ils étaient gelés, ils n'avaient pas dormi depuis plus de vingt-quatre heures, et ils crevaient de peur, chacun à sa façon. Pour Mokhtar, c'était particulier puisque lui, un naufrage, il en avait déjà vécu un. Il avait vu des gens se noyer. Il croyait son tour venu. Il a composé tous les numéros d'urgence en sa possession. Le bateau s'enfonçait doucement dans l'eau glacée de la Manche. Des mouettes se sont alors posées à côté du bateau. Mokhtar a tendu la main vers elles pour les caresser, résigné à ne pas pouvoir agir. Au bout d'un quart d'heure – et chaque minute était atrocement longue –, c'était la panique totale à bord, alors il a rappelé. Les secours ont eu cette réponse inquiétante :

— On vous a envoyé un hélicoptère, mais il ne vous a pas trouvés…

— Mais c'est impossible ! Je vous ai donné les coordonnées GPS !

— Alors, attendez, on reprend contact quand on approche, vous nous guiderez par téléphone.

Mokhtar ne comprenait pas : le temps était très clair, les coordonnées GPS étaient a priori les bonnes. Enfin, si c'était comme pour le centre… Alors, ils ont attendu encore : Dara statufié qui avait quitté la barre puisque ça ne servait plus à rien de manœuvrer, Khandan presque évanoui, et Mokhtar les yeux fixés au ciel, franchement anxieux parce que, évidemment, il n'avait presque plus de batterie et il était seul à disposer du système GPS pour indiquer leur position. Et puis, enfin, il a aperçu à l'horizon un petit point noir dans le ciel. Il les a orientés. L'hélicoptère les a repérés, a foncé vers eux, s'est immobilisé au-dessus de leur embarcation. Les secours ne les ont pas hélitreuillés pour autant, mais ils ont appelé une vedette de la police anglaise. Un grand policier anglais barbu les a alors, paraît-il, littéralement attrapés par le fond de la culotte, comme des plumes, avant de les déposer au sec sur le pont de leur bateau. Il a aussi pris soin de récupérer les sacs. Les trois naufragés ont été réconfortés sans sentir d'hostilité du tout, juste de la fermeté : bien sûr, dès qu'ils seraient à terre, ils subiraient les interrogatoires de rigueur. Mais je crois qu'ils étaient heureux de voir la police ! Vivants ! Mokhtar me disait que le plus dur pour lui avait été de revivre le naufrage précédent. Encore aujourd'hui, il lui arrive de crier dans son sommeil, jusqu'à se réveiller en sursaut, complètement paniqué. Dans la jungle, il n'y avait pas de psy. Tous les migrants traînent des cicatrices à vie.

Peu de temps après, j'ai découvert dans un journal anglais qui racontait leur sauvetage qu'un mois et demi plus tôt, il y avait eu un précédent de passage illégal par la mer. Nous étions si inconscients, ou plutôt « les Iraniens » étaient si déterminés, que personne n'avait eu l'idée de chercher sur Internet si cela avait déjà été fait. Et puis, dans la foulée, j'ai lu que, quelques jours après la traversée de Mokhtar, six autres migrants avaient été « repêchés » sur un Zodiac côté français. Comme si c'était devenu une mode…

L'après-midi de cette journée à Wakefield, Mokhtar avait à cœur de laisser le passé derrière lui. On s'est baladés autour de l'hôtel, le long d'un canal abandonné où on a discuté avec un cygne et un escargot. C'est ce que j'aime entre autres, chez Mokhtar, la fraîcheur enfantine qu'il a gardée dans le regard. Il joue. Avec tout. Les petites choses de la vie dont il ne manque rien. Quand j'ai approché ma main de l'escargot, son visage est d'abord devenu très grave. Il a arrêté mon geste en m'attrapant brusquement l'avant-bras.

— Touche pas à ça !

— Ben, pourquoi ?

— En Iran, c'est vu comme quelque chose d'horrible, ta mère te voit toucher ça, tu pars en quarantaine !

— Ah bon ? Nous, en France, on les mange ! T'en auras à Noël !

Il a pris un air écœuré, mais je lui ai montré doucement. Il a bien voulu le toucher sur la coquille, d'un geste furtif, et finalement dégoûté. Alors, il l'a jeté à l'eau. J'ai protesté :

— Mais ça va pas ! Pauvre bête ! Pourquoi tu l'as jetée à l'eau ?

— Ça va, c'est quoi le problème ?

— Ben, ça ne sait pas nager un escargot !

— Non ? Arrête ! C'est vrai ?

— Oui, c'est vrai.

Il s'est mis face au canal et il a crié :

— Pardon ! Pardon, l'escargot ! Je ne savais pas que tu ne pouvais pas nager !

Il me faisait rire. Il avait l'air tellement détendu, tellement bien… On était libres, on était tous les deux, on était heureux, tellement heureux ! Tellement légers ! Pour la première fois de notre vie. On s'est un peu promenés dans Wakefield. Il a acheté une pochette de téléphone pour son nouvel appareil. Et le samedi soir, on est allés se chercher un snack frites-poulet qu'on a avalé sur le pouce pour aller venger aussi vite que possible la nuit qu'on avait perdue. Une nuit gaspillée à surtout croire qu'on s'était perdus l'un l'autre. Il ne nous en restait plus qu'une, du samedi au dimanche. Je ne me souviens pas de m'être éloignée de plus de dix centimètres de lui sans qu'il me souffle : « Viens dans mes bras… » Il ne supporte pas d'être loin, moi non plus. Je n'avais jamais connu ça.

Le dimanche midi, je suis repartie. En larmes, évidemment. La seule consolation, c'est que Mokhtar venait de lire son nom sur la liste des gens affectés à un hébergement plus durable que ce centre. Tout le monde s'est étonné : « Tu repars déjà ? Trop de chance ! » Certains attendaient depuis quatre mois, sans qu'on en comprenne la raison. Il serait transféré à Sheffield dans la semaine, Khandan à Newcastle, comme à la loterie, selon les places qui se libéraient. Mokhtar ne souffrait pas à l'idée d'être séparé de Khandan. Ces mecs qui ont traversé la moitié du monde en survivant à des épreuves qu'ils ne raconteront jamais, ils sont seuls, irrémédiablement seuls dans leur tête, même s'ils peuvent avoir des moments d'amitié les uns pour les autres. Mokhtar parlait rarement de ceux qui étaient restés à la jungle, Iraniens ou non, à part peut-être un, parce qu'ils avaient été au collège ensemble et s'étaient retrouvés par hasard. Il s'appelait Khandan aussi, comme le jeune de l'équipée du bateau. Il a réussi à passer six mois après Mokhtar depuis le sud de la France, en camion, après s'être fait délester de l'ensemble de ses affaires. Mokhtar ne sait même pas ce que sont devenus les autres « bouches cousues », sauf le fameux Mahmoud Zadeh.

Quand je suis rentrée à Wierre-Effroy, maman et Florian m'ont harcelée de questions : « Et comment il va ? », « Et est-ce qu'il mange ? » – on devine qui posait quelle question ! La famille commençait à percevoir cruellement son absence. Les deux Iraniens manquaient à la vie de la maison. Ma mère soupirait, nostalgique, quand elle se mettait dehors sur le pas de sa porte :

— Tu te souviens quand Mokhtar s'asseyait près de moi et me disait : « Soleil ! »

J'enchaînais en riant des souvenirs du bonheur :

— Et quand, à ton arrivée, ils levaient les mains jointes en prière vers le ciel, en signe de « voilà notre sauveuse » !

Encore deux mois après leur départ, Dara m'écrivait : *Je n'oublierai jamais. Merci, maman !*

Florian m'envoyait les vidéos amusantes qu'il montrait habituellement à Mokhtar en me disant :

— Tu lui montreras, hein, la prochaine fois que tu y vas ?

Moi, je me demandais comment j'allais tenir quinze jours, jusqu'à ma prochaine visite à Sheffield. La journée, bien sûr, je travaillais, avec de temps en temps un petit message qui arrivait sur mon portable. Mais à vrai dire, j'attendais avec impatience de nous « retrouver », le soir, en appel vidéo.

Mokhtar a commencé à prendre ses marques. Il était logé avec quatre autres demandeurs d'asile dans une petite maison de brique typiquement anglaise, à quatre kilomètres du centre-ville de Sheffield environ. L'État lui octroyait 40 euros par semaine pour subvenir à tous ses besoins, nourriture, hygiène, tabac, vêtements, d'ici qu'on leur donne avec un peu de chance un vrai statut et un permis de travailler. Comme en France, finalement, sauf qu'en France le délai de réponse était d'un an et demi, en Angleterre de deux mois. Mokhtar s'accrochait à une idée : les Iraniens étaient bien vus, contrairement aux Afghans, qui avaient la réputation de travailler au noir avant d'avoir un statut et de vouloir « faire de l'argent », pour retourner finalement au pays acheter une femme. Il n'empêche qu'avant d'avoir sa première « interview » (le terme consacré pour la séance de questionnement en bonne et due forme), il ne vivait pas. S'il n'obtenait pas le statut de réfugié, il devenait expulsable. Et une fois en Iran, il serait tué ou jeté en prison, ce qui revenait à peu près au même. C'est dans son purgatoire de Sheffield que je suis allée le voir le 29 juin, la voiture chargée de ce que je lui apporterais désormais tous les quinze jours : des fruits et légumes frais pris sur le marché à ma pause déjeuner, et tout ce qu'il ne pouvait s'offrir avec ses très faibles moyens en Angleterre : des fruits secs, des olives, du café, du thé.

C'était une maison proprette, dont la bonne tenue était vérifiée régulièrement par quelqu'un du service de l'immigration. Les garçons se relayaient pour faire le ménage de la salle à manger et des parties communes et chacun s'occupait de sa propre chambre : Moschen, Shapour et Mokhtar, tous iraniens, et Bobby, un Ivoirien. C'était le hasard qui avait réuni les compatriotes, mais c'était une chance pour Mokhtar. Le soir, ils parlaient ensemble de l'actualité de leur pays, non sans désespérer régulièrement Mokhtar. Ils écoutaient de la musique iranienne, en plus de Modern Talking et U2, les deux groupes dont je l'avais rendu fan. Ils regardaient des films iraniens ou jouaient aux cartes. Mais le problème de Mokhtar, c'était le désœuvrement. Alors que les autres avaient pris leurs marques depuis longtemps à Sheffield, il se retrouvait seul dans une maison fonctionnelle mais sans grande distraction, sans argent pour se payer des loisirs ou des caprices. Et cette vie-là allait durer six mois ! En Iran, il était prof, autant dire une vie bien réglée, occupée, sociale, active. Là, c'était smartphone, YouTube, Facebook. Quand je lui demandais : « T'as fait quoi aujourd'hui ? », il me répondait : « Des pompes. » C'était sa façon d'évacuer son énergie. Le soir, ils ne dînaient pas forcément tous ensemble. Du coup, même s'il ne s'en plaignait pas, je sentais bien parfois qu'il avait une petite voix, une petite mine, et que la journée n'avait pas dû être bien gaie. Je lui disais alors : « Sors ! Va faire une balade dans un parc ! » Mais il n'en avait aucune envie. Mokhtar a vécu trois semaines devant sa boîte aux lettres, en attendant la convocation à l'interview, qui est arrivée le 8 juillet.

Ses semaines étaient rythmées uniquement par ses dimanches à l'église et mes visites un week-end sur deux. Week-ends où les petites amies des autres étaient aussi présentes. Shapour cherchait encore l'âme sœur, mais Bobby avait une copine anglaise, et Moschen une copine française, Émilie. Employée par la Croix-Rouge, elle venait de Londres où elle avait emménagé pour se rapprocher de lui après qu'ils se soient rencontrés à la jungle de Calais. Elle en a formé, des couples, la jungle de Calais, et des durables !

Le 21 juillet, Mokhtar a passé son épreuve, répondant aux cent quatre-vingts questions. En cas de refus après trois interviews, c'en était fini de son rêve anglais. Moi, je lui faisais confiance : il avait dû être super, comme toujours, ce serait oui du premier coup ! Il parlait bien, on voyait qu'il avait beaucoup d'éducation, pas forcément british, mais il « présentait bien », comme on dit. Il était souriant, indéniablement doux et pacifique. Même si je ne suis pas employée à l'immigration britannique, je lui répétais souvent : « À Noël, tu auras eu une réponse positive, tu seras à la maison à Wierre-Effroy, devant une bûche et des escargots, tu verras… » Parfois il y croyait, parfois non. Il fallait attendre. Et cela faisait déjà des mois que sa vie n'était qu'attente, même si son sort n'était évidemment pas comparable à celui qui avait été le sien à la jungle, du temps des « bouches cousues ».

Début août, j'avais prévu une semaine de vacances à Sheffield : enfin, on allait pouvoir prendre le temps de vivre ! Mokhtar m'avait dit de ne surtout rien apporter, mais je n'ai pas pu m'en empêcher : le matelas sur lequel on avait dormi dans mon sous-sol serait quand même mieux que sa vieille paillasse d'alors. Mokhtar m'a, de son côté, choyée comme une reine, et il n'a toujours pas arrêté de le faire. J'ai interdiction de me lever de table. Il prépare des plats iraniens en demandant les recettes à l'une de ses sœurs, il me masse, il me fait rire.

Le soir, on discutait un peu avec les autres, avec qui on finissait par former une petite bande du week-end. La journée, on s'est beaucoup promenés en voiture dans la campagne, on a joué aux cartes, on a rendu visite au jeune Khandan à Newcastle – une bonne trotte. On a découvert la Butterfly Tropical House, un parc animalier de Sheffield, puisque Mokhtar adore les bêtes. Il s'y est pris d'amitié pour les hiboux, et il est capable de rester une heure devant un aquarium, un vrai gamin par moments. Parfois, je lui dis : « T'es trop gentil, tu vas te faire avoir. » Et c'est vrai que de temps à autre, c'est le cas, mais il reste « bon ». Je me souviens par exemple qu'il a voulu aider l'un de ses copains à passer la fameuse « interview ». Le copain était convoqué à Sheffield, et Mokhtar l'a hébergé et nourri trois jours pour lui épargner toute fatigue. Un matin, il lui manquait une livre pour aller au supermarché prendre du pain. Naturellement, il l'a demandée à son visiteur, qui lui a répondu n'avoir plus rien en poche. Mokhtar a compris et s'est passé de pain. Mais quand le copain s'est rendu à l'interview et que Mokhtar, bonne poire, s'est chargé de son linge sale, en retournant les poches du pantalon pour le mettre à la machine, quelle ne fut pas sa surprise de trouver… un billet de 50 livres !

— Et alors, j'ai dit à Mokhtar, tu l'as insulté quand il est rentré ?

Mokhtar m'a répondu très tranquillement :

— Non, pour quoi faire ? J'ai lavé le pantalon. Je l'ai étendu sur le radiateur. Et quand il a été sec, j'ai remis le billet dans la poche, j'ai plié le linge et je lui ai remonté.

— Mais tu plaisantes ?

— Pourquoi tu veux discuter ? Pour l'entendre dire « je suis désolé » ? Il l'a fait, il l'a fait, c'est tout. Il m'a déçu, c'est fait.

Évidemment, Mokhtar avait raison. Mais moi, le type, je l'aurais étripé. Parfois, Mokhtar se désole :

— Mais pourquoi les gens sont-ils si mauvais ?

Parce que des déceptions, il en a régulièrement.

— C'est le monde, Mokhtar. Va falloir que tu t'habitues.

Il accorde trop facilement sa confiance, ne voit pas la méchanceté… Tout simplement parce qu'il n'en a lui-même aucune. Il passe son temps à me surprendre par sa gentillesse. Ce sont des gestes simples et gratuits, mais plus grands que des cadeaux. Ils signifient que l'autre vous regarde. Récemment encore, j'avais dit que j'irais chercher des cigarettes après ma douche. Quand je suis sortie de la salle de bains, il était allé au tabac, mes cigarettes étaient sur la table. Et puis il a tout compris à mon caractère, comment dire… entier. Un jour, je ne sais plus pour quelle raison, peut-être par jalousie, j'ai hurlé sur lui comme une poissonnière. Au lieu de répondre sur le même ton, voire plus fort, avec une colère réciproque, il s'est tassé dans un coin, fermé sur lui-même, attendant que l'orage passe. Quand il est passé, j'ai eu… honte. Après tout, peut-être va-t-il réussir à me convertir à son calme. Nos moments de paix et d'amour, je ne les ai connus avec personne d'autre. Il ne se passe rien, on se regarde, on écoute parfois un peu de musique, le temps est suspendu, on est juste… heureux. Et plus on passe de temps ensemble, plus ces moments-là durent. Finalement, quand je sors de mes gonds, c'est souvent parce que j'ai peur. Peur de le perdre. Et je n'ai peur que parce qu'il me manque. Lorsqu'il est près de moi, je ne peux que sentir combien on s'aime.

Durant cette merveilleuse semaine de vacances, digne d'une lune de miel, alors qu'on faisait du lèche-vitrine au centre commercial, Mokhtar a reçu un coup de fil. Souvent, quand c'est l'Iran, une Sister 1, 2 ou 3, son visage s'éclaire. Mais là, il m'a regardée après avoir vu le numéro iranien, quasi inquiet :

— C'est la maison…

Il voulait parler de la maison de ses parents, or c'est lui qui les appelle, normalement. Il craignait sans doute une mauvaise nouvelle. Je lui ai lancé :

— Ben, décroche !

— Oui, mais… c'est la maison.

Là, tandis que la voix au bout du fil se faisait entendre, le visage de Mokhtar a changé… Il est resté silencieux au début. Et puis il a commencé à parler… Quand il a raccroché, il m'a soufflé, complètement bouleversé :

— C'était maman.

J'étais tellement contente pour lui !

— Tu vois, je te l'avais dit qu'elle allait t'appeler !

— Non, mais tu le crois ? Après tout le temps que j'ai passé dans la jungle…

— Tu vois, je te l'avais dit. Le temps… C'est le secret. Le temps…

Une page de sa vie, définitivement, s'était tournée.

Et moi, vu ce qui m'attendait en France, j'avais bien fait de prendre des forces, parce qu'une page allait s'ouvrir, et pas la plus drôle.

Chapitre dix

Le jeudi 18 août, je suis partie travailler par un soleil radieux. Je devais chantonner sur la route parce que le lendemain, j'allais retrouver Mokhtar à Sheffield. À ma pause du midi, je suis allée au marché de Calais chercher des fruits et légumes frais, à l'heure où l'on fait de bonnes affaires parce que les commerçants bradent. Je remplissais la voiture moitié pour approvisionner la maison, moitié pour emporter à Sheffield. À 15 heures, Mokhtar m'a envoyé un message pour me dire qu'il rentrait après avoir pris un café à la salle paroissiale de l'église de Sheffield, avec une photo de la mosquée devant laquelle il passait, selon son sens habituel de la plaisanterie. Je lui ai répondu : *Très drôle, super, à tout à l'heure.* J'étais revenue à mon bureau pour encore quelques heures et j'ai traversé le parking pour gagner le bâtiment principal, où je devais donner un papier à la direction, quand j'ai aperçu une voiture grise se garer dans un grand coup de frein à main. J'ai lâché à la réceptionniste de l'accueil en voyant deux types et une jeune femme descendre :

— Tiens, ce serait bien la police…

Comme certains stagiaires ont des difficultés sociales et économiques, c'était une chose qui pouvait arriver. J'avançais dans le couloir quand l'un des gars a lancé :

— Madame, s'il vous plaît ?

Je me suis retournée, et je l'ai entendu dire à l'autre :

— C'est bon, c'est elle.

Là, je me suis demandé ce qui m'arrivait, mais je n'ai pas vraiment eu le temps de me plonger dans des abîmes de perplexité. D'un ton très ferme, je me suis vu signifier :

— Madame, vous êtes placée en garde à vue.

Je ne me suis pas dégonflée, parce que j'étais assez furieuse du moment et du lieu qu'ils avaient choisis.

— OK, vous me donnerez les raisons de la garde à vue à l'extérieur si vous voulez bien.

Je suis passée devant la réceptionniste médusée, parce que personne, absolument personne au travail, n'était au courant de mon histoire avec Mokhtar. Moi, j'ai tout de suite deviné le motif ; je suis une citoyenne modèle ou presque concernant les autres aspects de ma vie. J'avais même prévenu ma mère des semaines plus tôt : « Si un jour, à 6 heures du matin, tu vois débouler les flics, t'inquiète pas, c'est possible. »

Mais plus le passage de Mokhtar en Angleterre s'éloignait dans le temps, plus je pensais être à l'abri.

Ma crainte, c'était Joe, qui comme le disait Mokhtar « parlait trop ». Dehors, ils m'ont annoncé :

— Vous êtes mise en garde à vue pour aide au passage illégal en bande organisée.

Là, je tombai des nues.

— En quoi ?

— Fais pas l'innocente !

Le ton était donné. Un flic pas sympa m'a ordonné d'aller récupérer mes affaires dans mon bureau, non sans m'accompagner. J'ai demandé l'autorisation d'éteindre mon ordinateur, pris mon sac et mon téléphone. Il m'a pris des mains mes clés de voiture pour aller immédiatement l'inspecter sous mes yeux. Il a commencé par le coffre, où il a trouvé de nombreuses salades, mais pas d'armes. Des sacs, aussi.

— Il est pour qui, ce linge dans des sacs ?

— Pour Aurélie, une bénévole de la jungle. J'ai souvent rendez-vous avec elle au café, place d'Armes, à Calais, pour lui donner.

Ils sont passés au reste de la voiture, jusqu'au pare-soleil où celui qui s'annonçait vraiment comme le plus virulent a commenté l'autocollant « Halte aux expulsions ».

— Ah, c'est bon, j'ai compris !

Quoi, je ne l'ai jamais su. Avant de lancer :

— Tu fumes de l'herbe ?

— De l'herbe ? Ben, non, jamais.

— Mais si, tu fumes de l'herbe !

— Écoutez, vous devez avoir sur vous des tests salivaires, vous gênez pas, on peut le faire, je ne fume pas d'herbe !

Je ne voyais pas le rapport avec mon motif de mise en garde à vue, mais bon… Il referme la voiture et me dit :

— Maintenant, on va aller chez vous.

Il alternait le tutoiement et le vouvoiement.

— Et ma voiture ?

— On verra ça plus tard, elle reste là.

— Pourquoi chez moi ?

— Perquisition.

Il était 15 h 45.

Dans la voiture, j'ai demandé à prévenir ma mère pour lui éviter le choc, elle a tout de même soixante-seize ans. Le gentil était prêt à dire oui, mais le méchant a dit non. J'ai tout de suite annoncé que je n'avais rien à cacher et que j'étais bien disposée à leur dire la vérité. Le « méchant » qui conduisait a commencé à me poser des questions, ou plutôt à me dire sa façon de voir les choses, qui n'était pas la mienne.

— Tu sais ce qui me fait marrer avec les gens comme toi, c'est que vous aidez des gens, tu les ramènes chez toi, tu les connais même pas, si ça se trouve, c'est des mecs qui foutent des bombes, et tu croises des SDF dans la rue, t'es pas foutue de leur acheter un pain au chocolat ! Il y a pas assez de SDF dans Calais, faut que vous aidiez les migrants ?

— Qu'est-ce que vous en savez, de qui j'aide et qui j'aide pas ? Vous me jugez alors que vous n'en savez rien du tout.

Et c'est vrai que les Restos du cœur, j'avais donné. Et puis ça me regarde.

Quand on s'est garés devant la maison, ma mère est sortie sur le pas de la porte, inquiète. Quand elle m'a vue descendre avec des inconnus d'une voiture qui n'était pas la mienne, elle s'est exclamée d'une voix angoissée :

— T'as eu un accident ?

— Non, je vais bien, regarde ! Rentre, je vais t'expliquer.

Je l'ai fait asseoir, suivie de mes accompagnateurs.

— Je t'avais dit qu'un jour, on aurait peut-être une visite de la police. Eh bien, c'était pas à 6 heures du matin, c'est arrivé au boulot. Voilà !

Ma mère était immobile sur sa chaise. Sous le choc. J'ai demandé à appeler mon fils qui était dans sa chambre avec un copain et, quand il est descendu, je lui ai expliqué que j'étais placée en garde à vue pour avoir hébergé des migrants et accusée d'avoir facilité leur passage « en bande organisée ». J'aurais plutôt dit désorganisée, mais bon…

Florian s'est mis à tourner en rond pendant qu'avait lieu la perquisition, alors que ma mère reprenait doucement ses esprits. Il répétait :

— Mais pourquoi ça tombe sur maman ?

J'ai voulu leur faciliter la tâche.

— Dites-moi ce que vous cherchez. Si je l'ai, je vous le donne. Je vais vous parler spontanément, je vous l'ai dit.

— Une forte somme d'argent. Des passeports.

— J'ai rien de tout ça !

Ils ont commencé par le sous-sol où ils se sont plaints du nombre de meubles entreposés, ce qui faisait autant à fouiller. Je les ai prévenus qu'ils allaient surtout finir bredouilles. Ils ont dépecé l'un des sacs de vêtements, sans succès, puis un deuxième, avant de laisser tomber. Ils m'ont demandé où dormaient les migrants et, quand je leur ai répondu qu'ils dormaient dans la chambre du haut et moi en bas, le plus virulent n'a pu s'empêcher de dire à l'autre :

— T'as déjà vu des mecs qui laissent la fille dormir au sous-sol ?

J'ai évité de raconter toute l'histoire, c'était trop long. On est remontés au rez-de-chaussée, où la policière réconfortait tant bien que mal ma mère et mon fils. Ils ont continué la fouille, trouvé dans un tiroir de buffet mon vieux téléphone LG en panne depuis deux ans et l'ont « saisi pour l'exploiter ». En revanche, ils n'ont jamais « exploité » un iPhone 6 en panne que m'avait laissé Dara et qui se trouvait dans mon sac à main. Enfin, ce n'était pas mon problème. On est passés à l'étage, rapidement chez mon fils, puis dans ma chambre. J'avais punaisé au mur des autocollants. Ils ont enlevé les punaises, regardé derrière, au cas où ils y dénicheraient leurs passeports ou leur argent… Ils ont fouillé une petite commode où se trouvait un vieil appareil photo avec quelques clichés de la jungle un an plus tôt. Le virulent m'a lancé en désignant un homme avec une longue barbe :

— C'est qui ce mec ?

— Il fait pas partie de Daesh, il est breton. Il était venu de Bretagne pour faire des crêpes dans la jungle.

Il a ensuite regardé la chicha rapportée par mon fils en souvenir de ses vacances en Tunisie.

— À part ça, ça fume pas ici ?

Là encore, je me suis tue. Ils n'ont inspecté ni les placards de ma chambre ni la salle de bains, et ils étaient très démotivés quand je leur ai proposé de visiter la chambre de ma mère. De retour au rez-de-chaussée, le plus courtois des policiers a commencé à poser des questions à ma mère, qui était bien désemparée.

— Ils sont restés un mois à la maison. Vraiment, c'étaient des gars gentils comme tout. Ça s'est très bien passé !

Le plus agressif a balayé le jardin du regard, le bois, et il a déclaré :

— On peut en mettre du monde, ici ! Faire une deuxième jungle quasiment…

Il s'est tourné vers mon fils.

— Tu le sais que ta mère est avec un Iranien ?

— Je le sais parce qu'ils sont restés un mois à la maison. Et c'est mon copain, a répondu Florian sans se démonter.

La teigne m'a alors annoncé qu'on allait au poste de Coquelles pour la garde à vue, le commissariat qui est collé au centre commercial Cité Europe. C'était là qu'avait travaillé mon défunt mari…

J'ai dit au revoir à ma mère, à mon fils, à qui j'ai recommandé de bien prendre soin de maman et à qui j'ai chuchoté :

— Préviens Mokhtar !

Il m'a fait signe qu'il avait compris, pendant que son copain soufflait en me regardant partir :

— Putain, ta daronne en garde à vue ! Non mais c'est trop puissant !

On n'avait pas la même conception du « trop puissant » !

J'avais une obsession, en dehors des légumes en train de chauffer dans le coffre : mon départ prévu le soir même pour Sheffield. Comme ils ne m'avaient pas dit de prendre mes affaires, qu'une garde à vue durait a priori vingt-quatre heures, je serais libérée au plus tard en début d'après-midi le lendemain. Il ne me resterait plus qu'à récupérer ma voiture avant de changer mon billet aller. Il y avait un ferry à 18 heures tous les vendredis. Arrivés au commissariat de Coquelles dont je connaissais le parking par cœur, la fille nous a abandonnés et je suis restée avec les deux flics, assise face au bureau du plus gentil, tandis que l'autre était derrière le sien, en retrait. Il m'a tout de suite demandé :

— En quoi êtes-vous liée à Nicolas Carré ?

J'ai eu du mal à connecter qu'il s'agissait de Joe, que je n'avais jamais appelé autrement que Joe et dont je n'avais dû entendre le vrai nom qu'une fois ! Ils m'ont rapidement expliqué qu'il avait trop parlé sur les réseaux sociaux, comme je m'en étais doutée, le tout en me dénigrant comme « ex-facho » et « ancienne femme de flic ». J'ai raconté tranquillement que nous nous étions connus dans une manif, puis à la jungle, sans plus de liens que ça.

— Et Farida ?

— Farida ? Je ne l'ai vue qu'une fois dans ma vie, et peut-être entraperçue deux fois de loin.

— Il faut que vous sachiez que toute la bande est sur écoute et sous surveillance depuis le 18 juin, téléphone, Messenger, Facebook, on a tout !

Le « toute la bande » me surprenait un peu : je n'avais pas de « bande » et je n'en avais jamais eu ! Pourquoi cette date du 18 juin, je ne l'ai jamais su non plus. Je n'avais pas exclu pouvoir être sous surveillance parce que, durant quelques minutes, j'avais perdu la maîtrise de mes comptes Messenger et Facebook. Les écrans s'étaient affichés dans un tas de langues différentes, et j'avais reçu la mention « votre connexion n'est pas sécurisée ». L'idée d'être sur écoute m'avait également effleurée. Mon fils s'était alors moqué : « Mais tu te prends pour qui ? Tu crois que ta *life* intéresse les services secrets ? »

Le flic a continué :

— Votre dernier SMS, on l'a !

Je n'ai pu m'empêcher de sourire.

— Vous devez bien vous amuser, vu le contenu de nos échanges… C'est plus intime que terroriste, non ?

Le virulent m'a alors piquée au vif :

— Ah, il doit bien s'amuser avec les petites Anglaises !

Le truc à ne pas dire à une jalouse, d'autant plus que ça faisait une demi-heure qu'ils me laissaient mijoter à petit feu, j'étais au bord de l'explosion. J'ai répliqué du tac au tac :

— Tu l'as vu à poil et t'es jaloux, c'est ça ?

Et j'ai décidé que celui-là, je ne lui adresserais plus la parole. Autant que possible. Je ne céderais en tout cas plus à la provocation. Un jeune inspecteur à l'air plutôt sympathique a fait irruption dans le bureau pour dire :

— Mokhtar t'a envoyé une photo de la mosquée ?!

— Oui, il revenait de l'église…

Je conçois que l'humour de Mokhtar était difficile à apprécier dans le contexte… Le jeune inspecteur m'a reposé la question :

— C'est quoi votre relation avec Joe ?

— Aucune. Bénévoles tous les deux.

— Vous êtes ensemble ?

— Alors, pas du tout !

C'était à croire qu'ils n'avaient pas suivi !

Il a ajouté :

— OK, je comprends.

Et il est parti. Mais celui qui avait bouffé du lion n'était pas prêt à me lâcher :

— Moi, Joe, je m'en suis fait un pote, je vais même partir en vacances avec, il se vante d'être le sauveur des Iraniens dans la jungle, limite il m'a fait pleurer !

Là, j'ai commencé à comprendre que Joe avait été interrogé aussi, voire était peut-être dans les locaux en même temps que moi.

— Vous en pensez quoi, de Joe ? m'a demandé le « gentil ».

— J'en pense… C'est un gars bien au départ, je pense, qui voulait bien faire à la jungle. Après… je ne sais pas. Il a tendance à vouloir se faire mousser, passer pour un héros en jouant les gros bras.

C'était la stricte vérité. Il y avait de vrais pourris, à la jungle, venus pour profiter du malheur des autres. Des mafieux professionnels. Je ne crois pas qu'il en faisait partie parce qu'il avait aussi des convictions. Mais, sans juger de son cas en particulier, des gens qui avaient des convictions et qui pourtant cédaient à l'appât du gain, il y en avait aussi. On ne connaissait jamais les dessous de l'histoire, mais des bruits couraient. La tentation, ça existe. Je ne pouvais pas jurer que Joe était un saint, pas davantage dire que c'était un pourri.

— Et Farida, t'en penses quoi ?

— Farida ? Mais je la connais à peine ! Je suis allée une fois chez elle pour avoir des cartes de téléphone, point final. Elle m'a demandée en amie sur Facebook et je n'ai même pas accepté !

Le plus gentil a continué :

— Combien t'as fait de passages, toi ?

Là, j'ai commencé à comprendre qu'ils me soupçonnaient d'un trafic qui m'était tout à fait étranger. J'ai détaillé :

— Attendez, moi, Joe, je ne l'ai pas vu depuis le mois de juin. Depuis, je ne suis même pas retournée à la jungle, il habite à quarante kilomètres, on n'est plus amis sur Facebook, je ne lui ai jamais reparlé, et je n'ai aucune raison de le revoir !

Ils semblaient dubitatifs, alors qu'ils avaient bien la preuve par mes messages que je n'avais plus aucune relation avec eux. Ils ne me croyaient pourtant toujours pas.

Trois heures d'interrogatoire, c'est long… J'ai demandé si je pouvais avoir une cigarette et un café. Le gentil m'a donné une cigarette, mais apparemment je n'avais pas mérité le café.

Ça a continué :

— T'as palpé combien ?

J'ai répété la version authentique :

— Écoutez, moi, j'ai amené un bateau sur une plage. Point. Je l'ai fait par amour. Ça ne m'a rien rapporté, je les ai accueillis un mois à la maison, nourris, logés, blanchis et fournis en tabac, donc ça m'a sûrement plus coûté que rapporté. Il suffit de regarder mes comptes en banque. Si vous avez accès à mes messages sur Messenger, vous devez bien avoir accès à mes relevés de compte, non ? Alors, allez-y !

— C'est déjà fait !

— Bah, alors ?

— Et l'argent liquide, tu connais pas ?

L'argent liquide… Ce qu'ils cherchaient déjà chez moi en perquisitionnant, avec des passeports.

Je trouvais que pour avoir seulement apporté un bateau sur une plage, certes avec des migrants, cet interrogatoire était un peu sévère, et un peu long. Mais je n'étais pas au bout de mes peines. Le fond de l'histoire, les vraies raisons de ma présence et de cette sévérité, je l'apprendrais des mois plus tard, par la bouche d'une journaliste qui avait eu accès au dossier, mais ne m'a pas dévoilé l'ordre des événements pour autant.

La fameuse Farida aurait été arrêtée peu auparavant lors d'une tentative de passage en Angleterre en voiture, des migrants cachés dans sa Range Rover. Le tout en amadouant les agents de contrôle par la présence de ses enfants. À la suite de cette tentative, on aurait trouvé lors de la perquisition chez elle 18000 euros ! Quant à son compagnon, Mahmoud Zadeh, l'Iranien « bouche cousue » que Mokhtar ne sentait pas, il a été placé en détention, comme elle plus brièvement, soupçonné d'avoir organisé des passages contre de l'argent. Pourquoi, alors qu'il était son petit ami, n'a-t-il jamais pu passer en Angleterre ? Je n'en sais rien. Quant à Joe, d'après la journaliste, il aurait été en lien avec elle, et tout ce que je peux dire, c'est que peu de temps après la traversée de Mokhtar, six autres Iraniens, dont Mahmoud Zadeh, ont été repêchés en mer, dans les eaux françaises. Ils ont atterri en centre de rétention. Est-ce l'idée de Mokhtar qui avait fait son chemin dans leur tête et les avait conduits à chercher à la monnayer ? Je n'en sais rien non plus. Toujours est-il que j'étais prise dans une affaire qui me dépassait, et qui dépassait largement ce que je craignais quand j'étais arrivée dans les locaux du commissariat.

Le méchant a fini par me balancer :

— Je vais te dire, t'es partie pour dix ans ! Ton fils, il peut oublier son bac parce qu'il fera pas sa terminale, il va devoir bosser pour subvenir aux besoins de la famille... On va appeler ton patron pour lui dire de trouver quelqu'un pour remplacer Mme Huret demain, parce qu'elle ne va pas rentrer tout de suite tout de suite...

Vis-à-vis du boulot, c'était catastrophique. Désemparée, je me suis raccrochée à ce que je pouvais : mon départ programmé le lendemain pour Sheffield. Est-ce que j'allais avoir le ferry de 18 heures ? Loin des dix ans de taule...

Le gentil a appelé mon patron pour prévenir de mon absence le lendemain vendredi, mais je l'ai entendu lui répondre à une question :

— Non, pour ce jour-là, ce sera bon.

Et là, j'ai soufflé, parce que j'ai compris que mon patron avait dû lui demander si je serais là le mardi pour démarrer la nouvelle formation avec seize stagiaires. La vraie question, c'était : pourquoi l'un me crachait à moi que j'allais faire dix ans de taule, et que l'autre disait à mon patron que c'était OK pour le mardi ? J'ai décidé d'être rassurée. Parce que le lendemain, il fallait que j'attrape le ferry de 18 heures !

Le soir venu, ils m'ont conduite dans un préfabriqué à l'extérieur avec de petites cellules en verre. C'est en m'y rendant que j'ai repéré, tout au fond à gauche, la silhouette de Mahmoud Zadeh, allongé. Il a levé la tête vers moi et j'ai croisé furtivement son regard, vide, avant qu'il ne le détourne. Plus loin, de dos, j'ai reconnu Joe, allongé lui aussi. On m'a délestée de l'élastique qui attachait mes cheveux, de mon soutien-gorge, et j'ai pu me coucher sur une dalle de béton avec pour toute couverture deux plaids pourris qui ne protégeaient pas du froid. Je frissonnais déjà, la nuit n'était pas tombée. La policière m'a apporté un plat tout préparé réchauffé au micro-ondes, et elle m'a lancé :

— On vous réentendra demain matin.

C'est à 3 heures du matin qu'ils m'ont finalement réveillée pour… prendre mes empreintes digitales ! J'ai atterri dans un bureau où se trouvaient une policière et un stagiaire qui ont d'abord traité – plutôt mal – un jeune Iranien et un petit Albanais, il y avait de l'énervement dans l'air… J'ai donné mes empreintes. Puis il y eut la séance des photos anthropométriques. Profil. Face. Ils m'ont mesurée. Une grande criminelle. Et je suis repartie en cellule jusqu'au matin. Je me suis assoupie par phases de quelques minutes, sans repères temporels puisque je n'avais ni montre ni horloge.

Au petit jour, j'ai été réveillée avec une briquette de jus d'orange et deux biscuits secs avant de retourner à la case départ. Interrogatoire. Je n'avais franchement plus rien à dire. On avait affecté à mon cas un autre inspecteur, qui me reposait les mêmes questions, auxquelles je ne pouvais qu'apporter les mêmes réponses. Je jurais que je disais la vérité, une fois de plus. On m'a fait signer ma déclaration. On m'a prévenue que la procureur allait être appelée puisqu'il fallait lui signaler les horaires des gardes à vue, et je me suis dit : « L'issue est proche, je vais attraper mon ferry ! Ce soir, je suis dans les bras de Mokhtar ! » À un moment, on m'a quand même annoncé que j'étais désormais « fichée S ». Je n'ai tellement rien à voir avec le terrorisme que je suis restée clouée de perplexité : j'aurais aidé des terroristes ? Mais en fait non. Je n'ai jamais su pourquoi.

J'étais en train de penser que je n'aurais pas forcément le temps d'apporter les légumes à ma mère avant mon ferry quand l'inspecteur est parti téléphoner. Il fallait qu'un policier soit disponible pour m'emmener récupérer ma voiture toujours garée devant le bureau. Si j'attrapais le ferry de 18 heures, je serais à Douvres à 19 heures, il fallait encore compter quatre heures de route pour rejoindre Sheffield. Ça me faisait arriver tard, tout ça…

Mais l'inspecteur est revenu avec un tout autre projet pour moi :

— Vous allez retourner en cellule parce que la procureur prolonge de vingt-quatre heures votre garde à vue pour mener de nouvelles investigations !

J'ignorais la loi : la garde à vue est de vingt-quatre heures, et peut être prolongée jusqu'à quarante-huit heures, à la demande de la procureur, et jusqu'à six jours en cas de risque terroriste ! Heureusement que je n'étais pas au courant !

Là, je n'ai eu qu'une pensée : « L'Angleterre, c'est foutu pour ce week-end. Mokhtar doit être mort d'inquiétude, m'attendre, et ça va me faire huit jours de plus… Tout ce temps avant de le revoir ! Bon, sois positive, dans une semaine à la même heure, tu seras sur le ferry ! »

Il a continué :

— Vous passerez au tribunal pour interrogatoire de première comparution devant le juge d'instruction samedi matin.

C'est quand ils m'ont remise dans la cellule en fin de matinée qu'une idée m'a effleurée : Et s'ils me collaient sur le dos les six autres Iraniens repêchés côté français ? Parce que mon arrestation ne pouvait pas être sans rapport avec Joe, ou Farida, ou les deux… L'horreur. Trop terrifiant pour être possible. Je me suis remise à penser à Mokhtar.

Après le « plat du jour » à l'heure du déjeuner, il ne s'est plus rien passé jusqu'au soir : je cogitais dans ma cellule. Je pleurais mon ferry. Je ne faisais pas confiance à la police, mais à la justice, si ! On s'apercevrait forcément que je n'avais rien fait, rien en tout cas qui ait à voir avec une association de malfaiteurs, le terrorisme ou je ne sais quelle chose terrible.

Le soir, à 23 heures, la porte s'ouvre.

— Bonjour, Béatrice…

C'était un ancien collègue et ami de mon mari ! Un sympa.

— Je viens parce que… j'ai su que tu étais là…

— Ben, oui, tout arrive.

— C'est incroyable, de te trouver là... Je voulais te dire... par rapport à ton mari, à son décès, j'ai pas été présent et...

— Oui ? Enfin, là, c'est pas vraiment ce qui me préoccupe dans l'immédiat...

— Pardon, excuse-moi... Quelle histoire...

— Oui, et je crois surtout qu'il y a une embrouille. Leur truc de « bande organisée », là, je ne suis pas dans l'histoire. Je n'ai rien à voir avec les autres. J'espère qu'on ne va pas tout me mettre sur le dos !

— Oui, je sais, enfin je crois que ça a été compris.

On a discuté un bon quart d'heure, et il est reparti. Toute la nuit, je tentais de me rassurer avec cette phrase : « Je crois que ça a été compris », sans pouvoir dormir parce qu'il faisait trop froid et qu'au milieu de la nuit, on m'a collé une fille blonde d'une quarantaine d'années qui a pleuré sans discontinuer jusqu'à l'aube. Quand le matin est enfin arrivé, j'ai bu ma briquette de jus d'orange et avalé mes deux gâteaux secs. Et j'ai attendu.

Vers 9 heures du matin, on est venu me chercher pour aller au tribunal de Boulogne-sur-Mer, situé à une vingtaine de kilomètres. Les flics avaient mon sac à main enfermé dans une boîte en plastique comme une pièce à conviction, et on est montés dans le fourgon blanc banalisé, moi côté fenêtre à l'arrière avec un flic pour me « garder », et à l'avant, il y avait... Joe, flanqué d'un flic aussi. Je l'ai regardé, mais lui a détourné les yeux. J'avais envie de les lui arracher. La haine. S'il ne s'était pas vanté de son exploit, je ne serais pas là, « dans le même bateau » que lui. Oui, il parlait trop.

Quand on s'est garés devant l'entrée du tribunal, Joe a été menotté dans le dos et moi devant, un régime de faveur. C'est dans cette situation embarrassante que j'entends :

— Salut, Béa, qu'est-ce que tu fais là ?

Le flic qui faisait le planton était aussi un ancien collègue de mon mari, il venait prendre l'apéro à la maison ! Et il n'avait pas vu mes menottes. J'ai donc brandi mes poignets sous son nez. Il a murmuré :

— Oh, merde…

— Oui, des problèmes…

Dans la salle d'attente du juge d'instruction patientaient donc Joe, fuyant toujours mon regard, mais aussi un type costaud avec une tête d'Iranien que j'étais sûre d'avoir déjà croisé dans la jungle, un autre homme, ainsi que… Farida et Mahmoud Zadeh ! De temps en temps, Farida et Joe se lançaient un sourire. Dans un coin, j'entendais un policier glisser à son collègue : « Tu sais qu'il paraît qu'il y a la femme d'un collègue, dans le trafic ? » Farida est passée la première et, après une petite demi-heure, elle est ressortie. Un flic a alors lancé à celui qui devait la prendre en charge :

— Direction Sequedin ! Détention !

Là, mon sang s'est glacé. Sequedin, c'était la prison pour femmes de la région. Je me suis dit : « Une femme, mère de quatre enfants, et ils la foutent en taule ? Pour moi, c'est mort ! »

Le tour de Zadeh est venu. Et quand il est ressorti :

— Direction Béthune ! Détention !

Joe est passé, grimaçant de douleur à cause de ses menottes dans le dos depuis plusieurs heures, et sans doute pas plus rassuré que moi. Et quand il est ressorti, c'était un autre régime :

— Vous pouvez lui donner son paquetage ! Pas de détention !

Là, j'ai pensé : « Soit il sort parce qu'il m'a tout collé sur le dos, soit ils savent ce qui s'est passé et Joe est moins coupable que les autres. »

Je me suis retrouvée dans le bureau du juge, mon avocate à mes côtés, alors que je lui avais parlé à peine dix minutes et n'en avais aucun besoin. Le juge a lu ma déclaration à la police et m'a demandé :

— Vous avez quelque chose à ajouter ?

— Non, rien, c'est bien ça. J'ai dit la vérité. Je n'ai rien à cacher, j'ai fait ça par amour.

Le juge a alors dicté à la greffière mon ordonnance de « placement sous contrôle judiciaire », valable jusqu'au jugement… ce qui voulait dire que je n'allais pas en détention. Il s'est lancé dans une litanie d'interdits dont je n'ai pas retenu l'intégralité. J'ai simplement tiqué quand j'ai entendu « interdite de séjour sur le territoire de Grande-Synthe ». Je l'ai interrompu :

— Attendez, j'ai des stagiaires dans des entreprises à Petite-Synthe, comment je fais ?

Il m'a dit fermement mais gentiment :

— Bien, je vais le noter. Mais que les choses soient bien claires, je vais vous les dire autrement : je ne veux pas vous voir du côté du camp de migrants de la Linière !

— D'accord.

J'ai dit d'accord à tout, je répondrais aux convocations, promis, surtout celle de la procureur, d'accord, il y aurait un procès, super. Je me suis dit que j'irais peut-être en prison, mais pas tout de suite, plus tard peut-être, mais pas tout de suite. J'allais pouvoir retrouver Mokhtar !

Je suis sortie soulagée, avec mon paquetage comprenant mon téléphone déchargé, mon soutien-gorge, mon élastique pour les cheveux. J'étais pressée de boire autant de café que possible et de trouver une prise pour recharger mon téléphone. Et fumer. Au premier café venu, je me suis jetée sur une prise et j'ai appelé Florian :

— Tout va bien, je suis sortie du tribunal.

— Alors, alors ? Oh, là, là…

— Je te raconterai plus tard. Ce que je voudrais surtout, c'est que quelqu'un vienne à Boulogne-sur-Mer aussi vite que possible.

C'est l'adorable Jean qui est venu me chercher dès qu'il a pu. Lui, c'est vraiment le copain sur qui je peux toujours compter, même si on ne se voit pas si souvent que cela. Comme je suis interdite de séjour à Calais, notre amitié s'en trouve compliquée ! J'en étais à mon cinquième café et je passais mon temps sur le trottoir à fumer, quand il est arrivé pour m'emmener à Dunkerque reprendre ma voiture. C'est une fois seule au volant, sur le trajet pour Wierre-Effroy, que tout ce qui s'était passé a commencé à décanter. J'étais comme vidée. Ce n'étaient pas mes ennuis présents et à venir qui m'obsédaient le plus, mais le doute que les flics avaient semé dans ma tête… Au sujet de Mokhtar. À plusieurs reprises, le flic vicieux avait répété : « Il a profité de toi », « Il s'est bien foutu de ta gueule », « Tu vas aller en taule pour un beau salaud », etc. Et s'il disait vrai ?

Je suis rentrée vers 3 heures de l'après-midi, j'avais envie de fumer, de boire des litres de café, et de respirer au grand air. Ma copine Peggy est passée à l'improviste ; ma mère n'avait prévenu personne de ma garde à vue. En me voyant, Peggy s'est exclamée :

— Oh, la tête que t'as ! T'as une sale gueule, excuse-moi, mais ce n'est pas possible… D'ailleurs, dis donc, tu devais pas être en Angleterre, toi ?

— Bon, vous me laissez cinq minutes, je vais tout vous expliquer…

J'ai pris ma copine à part et je lui ai parlé de la seule chose qui me hantait, de mes doutes à propos des sentiments de Mokhtar. Elle a haussé les épaules.

— Toi, faut que tu te reposes !

J'ai respiré en faisant le tour du jardin et envoyé un SMS à Mokhtar : *Je suis rentrée à la maison.*

Sobre. Mokhtar a tout de suite appelé. À la minute où nos visages sont apparus sur l'écran, il s'est écroulé en larmes. J'avais beau répéter que tout allait bien, il ne pouvait plus arrêter de pleurer. Ma copine m'a chuchoté à l'oreille :

— Pour un mec qui n'en a rien à foutre… Il est super comédien…

Du coup, je me suis mise à pleurer aussi. Ma copine aussi, ma mère, Florian, tout le monde chialait.

Mokhtar m'a rassurée, pour un moment du moins. Mais il était trop tard pour partir en Angleterre un samedi après-midi, alors que je devais reprendre le travail le lundi. Et j'avais un autre problème : en lisant plus attentivement mon ordonnance de placement, je voyais que j'étais interdite de séjour à Calais… Et mon ferry ? Il partait de Calais. En appelant le tribunal le lundi matin, on m'a conseillé de passer physiquement pour déposer une demande de dérogation, et c'est à 17 heures que la greffière du tribunal m'a dit, un œil sur mon ordonnance de placement judiciaire :

— Ah… là, c'est écrit « interdiction Calais… pénétrante de l'A16… », donc je ne vois pas bien comment vous pourriez aller au port.

— Il va pourtant falloir que j'y aille !

— Bien… Alors, il faut que vous envoyiez un courrier en recommandé avec accusé de réception, vous notifiez votre demande officielle, et la réponse officielle devrait tomber dans les deux mois.

— Dans les… deux mois ?

« Deux mois sans lui, c'est bon, je meurs », ai-je pensé. J'avais préparé ma lettre de demande de dérogation que je tenais à la main et que je regardais désormais comme un papier inutile. Deux mois, non. C'est à ce moment-là que le destin m'a souri : le juge sortait de son bureau ! Je me suis dirigée vers lui. Je ne devais pas apparaître comme une terroriste à ses yeux puisqu'il m'a lancé :

— Bonjour, madame, comment ça va ?

— Tant qu'on est en liberté, ça va…

— Bien…

— Dites-moi, vous savez que mon ami est en Angleterre ? Alors, je fais quoi si je ne peux pas prendre le ferry à Calais ? Il revient en rafiot dans l'autre sens ? Je monte moi-même dans un camion en clandestin ? Parce que deux mois, c'est pas possible.

Il a failli sourire.

— Vous prenez le ferry à Calais ? C'est pas possible, de Calais.

— Et de Dunkerque ? Ça vous irait si je le prenais de Dunkerque ?

Il a accepté. Le trajet était rallongé de cent quarante kilomètres de route et d'une heure de traversée, soit deux heures de perdues, mais je m'en fichais. Tout le monde était content. Quand je suis repartie, j'avais le cœur léger. Je n'avais pas peur de l'avenir parce que je ne pensais qu'au futur immédiat. L'Angleterre, c'était devenu aussi mon Eldorado.

Dans mon entourage, j'ai évité de répandre la nouvelle de ma mise en garde à vue et de mon placement sous contrôle judiciaire. Mon patron a été formidable, alors que je le prévenais par SMS que je serais le lundi au boulot, il m'a répondu : *Heureux pour vous. Nous prendrons le temps d'en discuter.* Il n'avait aucune idée de la raison de mes démêlés avec la police, mais il me faisait confiance. Et il ne m'a pas jugée quand je lui ai raconté, simplement surpris, à mille lieues de se douter de ma vie privée. Dans le village, comme personne ne m'en a parlé, je suis restée discrète. Il y a juste eu un article des mois plus tard, dans *Le Monde*. Une voisine de ma mère lui a dit : « Vous savez que j'ai acheté *Le Monde* ? — C'est bien », a-t-elle répondu. Ça a coupé court à la conversation. Quant à mes sœurs, nous nous entendons bien, mais on ne s'est jamais confié notre vie personnelle dans le détail. La plus grande, qui habite près de chez moi, connaissait l'existence et la présence de Mokhtar puisqu'elle passe régulièrement prendre le café. Juriste de formation, elle m'avait juste demandé dès le départ :

— T'es sûre que tu ne vas pas avoir de problèmes, parce que je ne pense pas qu'on ait le droit d'héberger les migrants, si ?

— Je ne sais pas, je suis chez moi… On a quand même le droit d'aider les gens, non ?

Ma sœur n'a pas insisté. Bon, elle sait aussi que je suis têtue ! Elle n'a pas été franchement étonnée de ce qui m'était arrivé et m'a soutenue avec sa gentillesse. Quant à la plus jeune, je ne lui ai annoncé qu'au bout de trois semaines, parce qu'elle habite près de Paris ; je tenais à lui expliquer de vive voix, d'autant plus que je me savais sur écoute, donc pas libre de dire ma façon de penser. Ma sœur étant plus classique, elle était un peu consternée de mon aventure, et m'a dit de ne pas m'étonner de ce qui m'arrivait. Je ne m'étonnais pas.

Depuis que je subissais le traitement réservé aux fichés S et autres grands repris de justice, mon fils ne pouvait pas s'empêcher de me téléphoner en annonçant régulièrement : « Allô, Ben Laden ? C'est ton fils Florian. » « Trop puissant », sans doute !

Le plus ennuyeux tenait aux conséquences concrètes sur ma vie, une longue liste d'interdits indiqués dans mon ordonnance de placement, que j'ai lue à tête reposée le lendemain matin en fumant une cigarette dans le jardin. J'étais placée sous contrôle judiciaire pour « Aide à l'entrée, à la circulation ou au séjour irrégulier d'un étranger en France en bande organisée ». En bande organisée, c'était beaucoup dire, aide à l'entrée sur le territoire, je trouvais ça encore plus gonflé : j'avais été les chercher en Iran, peut-être ? Je serais convoquée chez la procureur, puis il y aurait l'instruction, puis je passerais devant le tribunal correctionnel.

Je devais d'ici le procès me présenter une fois par semaine à la gendarmerie de Marquise, la plus proche de mon village, à cinq kilomètres. Cet impératif m'interdit de partir où que ce soit plus d'une semaine. Parfois, je m'en souviens in extremis tellement j'ai du mal à me vivre dans la peau d'une délinquante ! Je ne sais d'ailleurs toujours pas si ce que j'ai fait, c'était interdit ou non, très interdit ou seulement un peu. C'est finalement le travail de la justice, de savoir ! Ma mère et Florian ne manquent pas de me demander régulièrement si j'ai bien été pointer. Mais j'ai si peur d'oublier qu'il m'est arrivé d'y aller deux fois. Comme ce jour où les gendarmes ont pris la feuille de contrôle judiciaire, et m'ont dit :

— Mais ça y est, madame ! Vous êtes déjà venue en début de semaine !

Ils me regardent maintenant arriver avec un œil neutre et routinier. Quand il y a un petit nouveau, il m'observe toujours d'un drôle d'air quand je lui dis venir pointer, parce que je n'ai ni la tête ni le look d'un grand truand, mais plutôt ceux d'une bonne mère de famille. Alors, il m'arrive de sortir :

— Vous inquiétez pas, je viens toutes les semaines, c'est pour terrorisme.

Il apprendra que l'habit ne fait pas le moine.

J'étais donc interdite de séjour sur les territoires de Calais, Coquelles, Grande-Synthe, sur la pénétrante de l'A16 qui mène au port de Calais, sur la pénétrante de l'A16 qui mène à l'entrée d'Eurotunnel, sur le port de Calais, à l'entrée du tunnel sous la Manche, sur la dune de Grande-Synthe, où il reste des réfugiés, et à la jungle de Calais même si elle n'existe plus. Le plus embêtant, c'était Calais. Je ne pouvais même plus aller au centre commercial boire un verre dans un bar le samedi soir comme avant avec mes amis ni aller chez eux. S'ils avaient un coup de blues, j'étais obligée de les faire venir dans ma campagne, à vingt kilomètres. Je ne parle pas du ferry que je devais prendre à Dunkerque, je ne voulais pas faire ma mauvaise fille… Parce que le juge aurait pu décider que c'était pas d'Angleterre du tout !

Je n'ai pas joué à la maligne : si ma carte d'identité passe dans le moindre ordinateur embarqué à bord d'une voiture de police, la fiche S surgit, avec mon ordonnance de placement sous contrôle judiciaire listant toutes les interdictions, dont celle de me trouver dans certaines zones. En revanche, en décembre, je suis allée au lycée de mon fils voir la conseillère d'éducation, et toute fichée S que je suis, en plein plan Vigipirate, je suis rentrée tranquillement.

Le problème, c'est qu'au moindre contrôle d'identité, à bord d'un ferry, ma fiche S apparaît. Côté anglais comme français. Du coup, je peux tomber sur un douanier qui entonne la litanie :

— Avez-vous de l'alcool ? des explosifs ? des couteaux ?

Et pourquoi pas un sabre ?

Chaque fois qu'on m'a demandé mon ordonnance de jugement, je leur ai laissé une photocopie, pourtant normalement enregistrée dans leur ordinateur, mais certains zélés font traîner, comme cette obstinée qui m'a fait rater mon ferry, une fois. À sa question « Vous avez votre ordonnance de jugement ? », j'ai répondu : « Non, j'en ai marre. Ça fait trois photocopies que je vous donne ! »

— Vous n'avez pas d'autorisation de sortie du territoire…

— Lisez bien : je n'ai pas d'interdiction de sortie du territoire.

— …

— Donc, je ne peux pas avoir d'autorisation.

Elle a fermé le carreau de sa guitoune de contrôle. Elle a tellement « réfléchi » que j'ai été bonne pour prendre le ferry d'après. Une heure à ronger mon frein sur le parking !

Et au retour d'Angleterre, au départ de Douvres, parfois, c'est rebelote :

— Photocopie de la carte grise ? de la carte d'identité ?

— Écoutez, monsieur (ou madame), c'est pour revenir en France, là ! C'est mon pays ! Je rentre chez moi, pourquoi je rentrerais chez moi en fraude ?

J'essaie de faire appel à leur logique… C'est pas toujours évident.

Un interdit ne m'a jamais pesé le moins du monde : je ne devais plus rencontrer Joe et Farida, ni entrer en contact avec eux, ce qui n'avait quasiment jamais été le cas. J'ai appris que Farida était sortie de prison six mois après l'arrestation. Mahmoud Zadeh, en revanche, semble y être encore. Par prudence, j'ai aussi abandonné la gestion de toutes les pages « anti-fachos » que j'alimentais. Des gens se sont proposés spontanément pour reprendre le flambeau en voyant que je ne m'en occupais plus, dont un Suisse que je n'ai jamais vu mais qui se sentait solidaire de la cause des migrants. Pour attester ma bonne foi auprès de la justice, j'ai gardé la trace de tout ce qui pouvait éclairer l'instruction dans mon ordinateur, imprimé tous mes SMS et mes conversations Messenger, au cas où il tomberait en panne. On y voit bien que je n'appartiens à aucune bande organisée, que je n'ai pas d'argent et que je ne vais pas chercher des tas d'Iraniens en Iran. Vers le 10 décembre, j'ai reçu un « Avis à partie » en recommandé – je suis la « partie » inculpée – qui me signifiait la fin de l'instruction. Restait à connaître la date du procès. Pour être mangée à quelle sauce ? Je n'en savais rien. Je ne savais pas davantage ce que je risquais exactement. L'important, c'était que je puisse continuer à retrouver Mokhtar tous les quinze jours en Angleterre.

Le 13 septembre, quand j'avais été convoquée avec ma nouvelle avocate, la procureur avait préparé une liste de questions concernant l'heure, la date, la durée du séjour, les conditions d'achat du bateau, mes relations. Mais j'étais tellement volubile que la greffière énonçait la question suivante alors que je venais d'y répondre. La procureur ne cessait de répéter à la greffière :

— On passe.

Quand je m'en suis étonnée, elle m'a rétorqué :

— Parce que, madame Huret, vous parlez tellement naturellement que je n'ai plus rien à vous demander.

À la fin, elle m'a dit :

— Vous avez quelque chose à ajouter ?

— Oui, j'ai fait ça par amour.

Elle a souri.

— Au cas où je ne l'aurais pas compris depuis deux heures…

Alors, ça m'a donné un peu d'espoir. Si ça se trouve, j'avais été comprise.

Chapitre onze

Depuis que Mokhtar est en Angleterre, un vendredi sur deux après le travail, je prends le ferry pour Douvres pendant une heure et demie, ensuite je roule quatre heures jusqu'à Sheffield, où j'arrive vers 21 heures. Le dimanche soir, je fais le trajet dans le sens inverse et ne regagne jamais mon lit avant 1 heure du matin, puisque, une fois à Dunkerque, je dois encore faire une heure de route pour Calais. Le reste du temps, je survis en apnée grâce à nos appels vidéo, grâce auxquels nous pouvons nous parler, rire, jusqu'à 2 ou 3 heures du matin. À 5 h 45, mon réveil sonne. Ma première pensée est pour lui. Dans le meilleur des cas, j'aurai dormi quatre heures. De toute façon, il n'y a plus que dans les bras de Mokhtar que je réussis à dormir comme un bébé. Alors, comment je tiens ? Par habitude autant que par amour. Après dix ans comme aide-soignante, dont huit ans de nuit dans une maison de retraite, j'ai acquis un genre de rythme, soutenu par trois cafetières par jour. Ces week-ends devraient m'épuiser. Et en réalité, c'est le cas… Ils m'épuisent. Mais ils me régénèrent en même temps. Le corps est habitué, la tête aussi, et jamais ça ne me viendrait à l'idée d'annuler.

On passe nos week-ends à se promener, à écouter de la musique, à regarder des vidéos, à s'aimer. Mokhtar me couvre d'attentions. L'autre jour, quand je suis arrivée chez lui après mes quatre heures de route, je me suis laissée choir sur une chaise, avant de lui demander une canette de Coca. Il en a sorti une du frigo et l'a posée devant moi. J'allais l'attraper quand il a retenu mon geste en souriant :

— Oh, bah, nooooon ! C'est pas classe !

Je me suis demandé d'où lui venait ce soudain élan si chic et si *british*. Il est allé vers le placard et en a sorti fièrement deux verres gravés de nos prénoms ! Le début de notre trousseau de mariage ! Mokhtar sait faire plaisir. Je me sens aimée parce qu'il est attentif. Il observe. Tout. À commencer par les gens qu'il aime. Souvent, alors qu'on se parle, il attrape un élastique et se met à jouer avec mes cheveux, il me les attache et juge, content de lui :

— T'es très bien comme ça. Ça me plaît !

Parfois, il me lance gentiment :

— Tout en noir, là, le pantalon noir, le pull noir, il y a personne qui est mort, quoi ! Tu devrais mettre des couleurs, c'est beau les couleurs !

Il a raison. Je me suis toujours habillée tout en noir. L'autre jour, je me suis acheté un tee-shirt rouge. Je le regarde encore, mais je vais certainement finir par l'enfiler : j'évolue. Même physiquement. En six mois, j'ai perdu dix-huit kilos. Quand Mokhtar me prend dans ses bras à chacune de mes venues, il affiche un air faussement inquiet et me dit :

— Oh, là, là ! Il faut que ça s'arrête ! Bientôt, il ne m'en restera plus !

Ma mère croit que je fais un régime, à son grand dam, mais pas du tout. C'est juste que je n'ai plus faim. J'ai faim d'aller en Angleterre !

Et on les sillonne, les routes d'Angleterre ! Il nous arrive d'aller voir ceux qu'il a connus dans la jungle et qui ont réussi à passer. Grâce à Messenger, même s'ils sont à l'autre bout du pays et ont changé de numéro, ils ne perdent jamais le contact. Entre août et décembre, nous sommes allés rendre visite à Azad à Birmingham, l'ami de la jungle qui était passé des mois avant Mokhtar en camion, cette fameuse nuit où il avait eu la flemme exceptionnelle de l'accompagner. On a revu à Newcastle le jeune Khandan, de l'équipée du bateau. Un grand moment d'émotion. On voit du pays ! Mais il y a un jour sacré, où nous sommes forcément à Sheffield, c'est le dimanche, jour de l'office. C'est une église conviviale, située à une heure de marche du centre, où Mokhtar se rend même en semaine pour discuter à la salle paroissiale devant un thé et des petits gâteaux, à l'anglaise. Il a longtemps trouvé là sa seule vie sociale. Dans l'attente de la réponse pour ses papiers, il ne pouvait pas travailler, pas davantage venir me voir en France. Son seul recours pour faire avancer les choses, il faut reconnaître que c'était la prière ! Du coup, le dimanche, je n'y coupais pas. Ma foi va plus à l'être humain qu'à Dieu, je ne le lui cache pas, et il « pardonne ».

Un jour, Shapour, l'un des copains avec qui il partageait la maison de Sheffield, m'a posé la question :

— T'es catholique, toi ?

J'ai répondu :

— Sur le papier, oui. Enfin, disons que j'ai été baptisée, mais je ne me suis pas mariée à l'église, par exemple…

Mokhtar a secoué la tête négativement en corrigeant :

— Non, non, non ! Moi, je l'ai cernée. Elle est athée !

Il me laisse penser ce que je veux. Il me prévient juste que j'irai en enfer, mais que je peux m'y plaire parce que je n'aurais plus à chercher du feu pour mes cigarettes.

Mokhtar m'a permis d'avoir une copine comme je n'aurais jamais imaginé en avoir une : une copine de messe ! Sue, soixante-dix ans, me hèle dès qu'elle me voit :

— Oh, Béatrice ! *So glad to see you !*

Et elle se précipite vers moi pour m'embrasser ! Le week-end qui précédait Noël, sachant qu'elle ne me reverrait pas avant mon retour le 27, elle a donné à Mokhtar une belle carte de vœux ; il m'en a envoyé la photo par Messenger, représentant la crèche avec Marie et le petit Jésus, bon… et avec à l'intérieur la formule officielle « *With best wishes for Christmas and the New year* ». Elle a ajouté à la main : « *To Mokhtar & Béatrice, wishing you Peace, Hope and*

Joy, Sincerely, Sue. » Le premier courrier qui nous soit adressé à tous les deux !

Le dimanche soir, nos séparations nous crèvent le cœur. Et d'autant plus que, pour Mokhtar, j'ai longtemps été – en dehors de l'église évidemment, je ne vais pas me comparer à Dieu – la bulle d'oxygène qui ponctuait six mois d'ennui, à attendre la réponse à sa demande de statut. Il était terrifié à l'idée d'être renvoyé en Iran. Parmi les vidéos qu'il me montre, on trouve des bijoux de poésie, comme sa chanteuse iranienne adorée, Ayédé, mais aussi des horreurs qui sont le quotidien en Iran : les exécutions sommaires, avec des hommes pendus pour l'exemple en haut des grues, ou des homosexuels jetés depuis le haut des immeubles… Il me dit chaque fois : « Tu comprends pourquoi je ne peux plus ? » Moi, je lui ai juré, dès sa première « interview » en juillet, qu'à Noël, il aurait ses papiers et serait avec nous, en famille, à Wierre-Effroy. Mokhtar me manque comme il manque à l'ensemble de la maisonnée où il avait vraiment trouvé sa place. Ma mère a fait des projets dès son départ, avec presque plus d'assurance que moi : « Quand Mokhtar viendra, on l'emmènera à la pêche… », ou : « Quand Mokhtar viendra, on lui fera goûter ça… » Du coup, le soir, on s'appelle souvent deux fois, une fois pour qu'il fasse coucou à tout le monde pendant le repas, en disant bonjour à maman, Florian, le chat et les chiens, la seconde pour avoir un semblant de vie privée, quand on est tranquilles chacun dans sa chambre.

Il arrive que Mokhtar craque avant mon départ et me supplie de rester. L'autre jour, au milieu de la nuit, il a attrapé mon téléphone.

— C'est quoi le numéro de ton patron ?

— Mais qu'est-ce que tu lui veux ?

— Un truc.

Il a commencé à éplucher mon répertoire téléphonique avant de me lancer :

— Je vais l'appeler, lui dire que tu t'es cassé une jambe et que tu ne seras pas là demain.

J'ai ri :

— En France, ça ne se passe pas comme ça, Mokhtar !

— Ouais… en Iran non plus. Mais… c'est pas possible : je t'aime, merde !

Dans des crises de folie, il a aussi envisagé de se cacher dans ma voiture. C'était une mauvaise idée, qui l'aurait emmené loin de ses rêves de statut de réfugié, directement à Téhéran. Alors, il s'est toujours résigné à me tendre le thermos qu'il m'a offert, empli de café.

— File, vite, parce que sinon je te séquestre. Et puis je te connais, après, tu roules trop vite.

Je roule vite, c'est vrai, surtout dans le sens aller ! Sur le ferry, j'ai renoué avec une habitude que la vie professionnelle et mon mari m'avaient fait perdre : je me suis remise à lire. Pas des romans à l'eau de rose, mais des biographies, le plus souvent. J'aime particulièrement les histoires vraies, les destins extraordinaires, les moments où la vie bascule. Je ne me serais pas doutée qu'un jour, on pourrait dire ça de moi, que ma vie avait basculé. Quand je me suis surprise à reprendre un livre, j'ai compris combien Mokhtar m'avait, non pas changée, mais rendue à moi-même.

Il me suggère parfois une idée folle : « Pourquoi tu ne restes pas habiter en Angleterre ? » Mais c'est impossible. En France, j'ai mon fils tout juste majeur, qui n'a que moi pour parent, un métier qualifié que je ne pourrais pas exercer dans un pays dont je ne maîtrise pas la langue, et ma mère. Maman ne me parle pas à moi directement de sa peur de me voir déménager en Angleterre, mais je sais par mes sœurs qu'elle le redoute. Elle a tort. Une part de moi est sur un nuage, l'autre a les pieds sur terre et me souffle ma réponse :

— Non, Mokhtar, ce ne serait pas raisonnable.

Cet aspect-là de moi est celui que j'ai le plus de mal à faire vivre. Durant la semaine, Mokhtar me dit parfois gentiment :

— Ne viens pas si tu es fatiguée. Reste un peu auprès de ta famille…

Je me moque de lui :

— Tu veux que je reste un week-end de plus avec ma famille ou que je vienne vivre en Angleterre ?

Sa part raisonnable à lui n'est même pas crédible !

Je suis très présente pour ma mère et mon fils en dehors de cette escapade vitale tous les quinze jours. Parfois aussi, Mokhtar culpabilise du bout des lèvres : « Garde ton argent, ça te coûte cher, ces voyages… » Nos week-ends ont un coût, je ne peux ni le nier ni ne pas m'en rendre compte.

Chaque voyage, c'est 150 euros si je compte le ferry et le plein de gasoil, et encore, en période creuse. Et alors ? Je ne suis plus la même femme, quelqu'un dont le plaisir était de se détendre en consommant, par principe, sans que ça ait du sens. J'achète moins de vêtements, je bois moins de verres en ville, je vais moins au restaurant, et la justice contribue à l'équilibre de mon budget : étant interdite de séjour à Calais, je ne peux plus aller y faire les magasins, ni y sortir. À la place, je me promène dans la nature, quand je ne suis pas sur l'ordinateur avec Mokhtar. Je préfère rogner sur tout plutôt que de me priver de nos week-ends.

Notre vrai problème, au quotidien, parce qu'on est séparés, c'est… le mien : la jalousie. Mon interrogatoire au commissariat avec le flic haineux a instillé un doute, et ce doute n'est jamais reparti. Un jour où Mokhtar partait à l'église, j'ai demandé à faire la grasse matinée. Au réveil, je n'ai pu résister à la tentation d'aller lire le contenu de la fameuse « interview ». Oui, j'ai honte, mais une des phrases insidieuses de la police avait été : « Et puis si ça se trouve, il a une femme, là-bas ! Des enfants ! Tu crois qu'il va te le dire ? » J'ai donc cherché et j'ai découvert qu'il m'avait dit la vérité : en effet, il avait été fiancé, mais jamais marié, et il n'avait pas d'enfants. C'était derrière lui. Le prénom de la fiancée m'était bien resté ancré dans la tête, et c'est ainsi que mon délit a été découvert, parce que je suis trop franche, trop spontanée et volcanique. Le prénom de la fille est apparu sur Facebook, alors la peur a été plus forte que moi, la colère :

— Qu'est-ce que tu fabriques avec cette pétasse ? Pourquoi tu lui parles ?

— Bah, c'est une copine !

— N'importe quoi ! Je le sais bien que c'est ton ex !

Mokhtar a sursauté de surprise.

— Mais enfin, comment tu sais son prénom ?

Là, j'ai essayé d'être fine, si on peut dire.

— C'est... euh... ton avocate anglaise qui me l'a dit !

— Et comment elle saurait ça, mon avocate ? Je n'ai jamais parlé de mon ex à mon avocate.

— Euhhh...

J'ai fini par cracher le morceau, je n'avais pas le choix, d'une toute petite voix :

— OK... Un jour, j'ai lu ton entretien, et je l'ai pris en photo...

Le visage de Mokhtar s'est tellement allongé que je me suis dit : « Ça y est, je l'ai perdu ! » Il s'est décomposé. Il a réfléchi quelques minutes, très longues à vivre, pendant que je bredouillais quasiment en lui baisant les pieds :

— Mokhtar... Mokhtar... Pardon, s'il te plaît, pardon ! Pardonne-moi... Je t'en supplie.

Il était furieux. Mais il a pardonné. C'est un devoir chrétien !

L'interview m'a rendue encore plus amoureuse de lui, si c'était possible. J'ai découvert un mec aussi fantastique que je l'avais imaginé ! Les cent quatre-vingts questions étaient d'une précision incroyable pour vérifier ses dires. On interroge les « candidats » sur leur ville, leur parcours, sur la présence de statues ou fontaines dans les parcs, l'emplacement des lieux publics. On leur fait détailler des parties de la Bible pour vérifier leur confession de chrétien, si précisément que je ne sais pas quel chrétien non pratiquant serait capable de répondre, moi pas ! On leur demande leur passage préféré des Évangiles. Mokhtar a cité celui où Jésus lave les pieds, signe d'humilité et d'amour pour l'humanité. Pour finir, on lui a fait réciter le « Notre Père » en anglais. Il disait que ce qui l'avait retenu dans le christianisme, c'était « *love and kindness* », l'amour et la gentillesse. Quand on lui a demandé son idée de l'amour humain, il a répondu « être heureux à deux ». C'est là que j'ai appris ce que Mokhtar m'avait caché par pudeur : la police iranienne l'avait battu comme un chien jusqu'à causer des lésions irréversibles à son oreille. Mon plus grand bonheur avait été de découvrir qu'il avait bel et bien rompu avec sa fiancée. Je n'ai pas eu le courage de lui demander s'il en avait été amoureux. Je me ménage ! Restent les autres, toutes les autres filles de l'humanité. Je peux partir dans des élucubrations folles pour un commentaire jugé louche sur Facebook, parce qu'une fille lui met un petit cœur ou parce qu'il commente un de ses statuts en lui donnant du « *darling* ». Là, je lui envoie trois lignes d'insultes, il répond, je ne réponds plus, il appelle, je lui crie :

— Je ne viendrai pas en Angleterre le week-end prochain ! Tu discuteras avec cette salope !

Je peux publier un statut auquel personne ne comprendra rien sauf lui et moi, comme « *Darling*, va te faire foutre », ou « l'Amour, c'est du vent, je préfère les animaux ! ». Quant à lui, il peut en venir à supprimer ladite *darling* de ses amis, pour me rassurer, comme moi à le supprimer, lui, de mes amis Facebook. Parfois, je lui demande des comptes sur ses horaires de connexion à Messenger à telle heure du matin : « Et pourquoi ? et avec qui ? » D'un côté, il ne m'en veut pas trop, ça l'amuse, ou ça le flatte, de l'autre, il peut en souffrir ou en avoir marre s'il est fatigué. Il a pris l'habitude de me raconter son quotidien, photos à l'appui : « je suis à l'église », « je suis au supermarché »... Et dans des moments de lassitude, il grommelle : « *Angry bird* ! J'en peux plus d'*Angry bird* ! » Je culpabilise quand je le soupçonne du pire parce qu'il ne me répond pas et que je reçois un message : *Encore treize jours*... Je me dis : « Zut, Béa, il compte les jours, ses seules sorties, c'est le médecin et la messe et, toi, tu pars dans des délires... »

Il faut dire que j'ai quand même un handicap réel.

— Mokhtar, il faut être lucide, tu as trente-cinq ans, moi quarante-quatre. C'est toi un jour qui me lâcheras...

— Ta gueule !

— Et si tu veux un enfant ?

— Je veux pas d'enfant, je veux un travail.

Mais les enfants, il n'arrête pas d'en parler. On ne prend aucune contraception. Je me sens à l'abri parce que j'ai mis du temps à avoir mon fils et que je ne suis plus très jeune. Mais quand il se lâche, le sujet revient. Par exemple, un jour sur la route, je lui ai dit :

— J'ai mal au ventre…

— Sûr, c'est un bébé !

On en a ri. Mais une chose est sûre : si, comme dans sa Bible, un enfant nous tombait du ciel, on le garderait ! Notre amour a déjà fait naître un livre, un petit morceau d'éternité.

Ce que m'aura appris la jungle au-delà de Mokhtar, c'est que, sans engagement, il n'y a pas de vie, ou une pauvre vie. Avant, j'étais gentiment sympathisante des Restos du cœur. Aujourd'hui, je serais prête à partir faire de l'humanitaire dans les pays en guerre si ma vie était compatible, parce que j'ai trop bien compris ce qu'avait traversé Mokhtar. Je ne crois pas à la politique, je crois à l'action. Et même à l'action individuelle, par petits groupes plutôt que par grands mouvements. C'était bien, ce qu'on a fait à la jungle. Les résultats, on les avait sous les yeux. Des gens qui mangent. Qui dorment plus au sec, et avec un peu de chance plus au chaud. Le soir, vous rentrez chez vous, votre vie a un sens. C'est comme l'amour, mais à plus grande échelle.

J'ai changé dans ma vie, j'ai changé physiquement, mais j'ai aussi changé de comportement à l'égard des esprits étriqués. Au travail, par exemple, j'ai été patiente jusqu'en octobre dernier, où une phrase de trop pendant un déjeuner avec mes collègues a fait déborder le vase. L'une a lancé la conversation :

— J'ai pensé à toi, hier ! Je suis tombée sur des migrants sous un abribus, à deux pas de ma maison, en pleine campagne. On se demande bien ce qu'ils pouvaient faire là à l'écart de tout…

La phrase, déjà, sentait la suspicion. J'ai donné l'explication, non seulement valable mais aussi réelle :

— Ils ont dû être déposés là par les flics. Les vicieux les ramassent, les posent ailleurs histoire de les faire marcher des kilomètres, parce que ça les « tue » de ne pas pouvoir les arrêter, ils ne feraient plus que ça, et pour en faire quoi ?

Elle a douté :

— Mais c'est pas possible ! C'est sadique !

— Tu crois quoi ? lui ai-je répondu, un peu énervée que les gens, après deux ans à vivre près de la jungle, se fassent encore des illusions sur le bon traitement réservé à ses habitants.

Du coup, une autre collègue a enchaîné :

— Et moi, il m'est arrivé un truc hallucinant hier ! J'accompagne ma fille à l'école le matin, et j'avais le chien [je précise que le chien est un pitbull, pas n'importe quel chien]. Là, une maîtresse me dit : « Vous ne rentrez pas avec le chien, c'est interdit. » Bon, j'étais pas contente. J'essaie de discuter, et là-dessus arrive une nana voilée. Qui rentre tranquille. Alors, je me suis pas gênée, et j'ai lancé à la maîtresse : « Donc, elle, vous la laissez rentrer, et moi non ? Vous vous rendez compte, où on en est ? »

Je me suis très bien rendu compte d'où on en était ! Et ça a été trop pour moi. Comparer un humain et un chien ! Je me suis levée de table et j'ai lancé à la cantonade :

— OK ! Maintenant, pour le déjeuner, vous vous passerez de moi, parce que j'ai entendu trop de conneries !

Je n'ai plus jamais déjeuné avec elles. C'est dommage parce que je me prive de la collègue que j'aimais bien, mais je ne peux pas faire ma « pause » avec des gens qui me pourrissent la tête, bien plus que le travail. Je passe bien sûr à côté des bruits de couloir, je n'ai plus vent des décisions venant d'en haut à l'avance, mais je me suis rapprochée de mes stagiaires, avec qui je déjeune, quand ce n'est pas avec Mokhtar sur Messenger. Ces jeunes filles, ces femmes sont souvent dans des situations compliquées et, au moins, je sers à quelque chose. Il arrive que des amis me disent qu'il n'y a plus que mes idées qui comptent, que je ne laisse plus les autres avoir un avis différent. Au contraire, je les laisse ! En fait, je ne veux juste plus perdre de temps avec des gens qui ont des opinions trop éloignées des miennes, que je ne vais jamais convaincre parce que leurs idées sont bien arrêtées, et qu'ils n'iront jamais plonger les pieds dans la gadoue pour réfléchir par eux-mêmes. Loin d'être « arrêtée », je marche : au milieu du monde !

La jungle de Calais n'existe plus, l'immense camp de la Lande a été démantelé fin octobre 2016. Il paraît que, depuis, les mouettes n'y planent plus en criant, les chats en quête de restes ont élu domicile ailleurs. La Lande est redevenue une vaste zone sablonneuse qui s'étend à perte de vue. Un mur tout neuf de quatre mètres de haut la sépare aujourd'hui de la pénétrante, avec dans un coin des containers-dortoirs en plastique blanc qui ne servent plus à personne. La maire de Calais aurait le projet d'y installer un parc d'attractions. Évidemment, c'est plus gai, mais il n'y a pas que des choses festives dans le monde !

Des mini-jungles se recréent déjà dans les villages alentour. Depuis la fermeture de Sangatte en 2002, tous les camps de migrants ont été démantelés et ont toujours « repoussé » ailleurs. Tant que l'Angleterre restera au même endroit, les migrants remonteront sur Calais ! Ils sont arrivés du Moyen-Orient ou d'Afrique en bravant tous les dangers imaginables, ce n'est pas quelques centaines de kilomètres et des contrôles qui leur font peur. On ne peut pas grand-chose contre des gens qui fuient la mort. Les associatifs s'y préparent : ils stockent les denrées non périssables. La question n'est pas de savoir si c'est « bien » ou non qu'il y ait des migrants. Ce n'est pas un choix, les migrations, c'est un fait.

Bien sûr, les migrants peuvent représenter un coût, mais la fraude fiscale, et la triche aux allocations familiales ou à la Sécurité sociale, sans parler du gaspillage officiel à grande échelle, nous coûtent bien davantage ! On n'est pas obligés de réduire l'effort sur les gens les plus démunis ! On ne parle pas non plus de l'argent que les migrants nous rapportent. Certains commerçants calaisiens se plaignent aujourd'hui de la chute brutale de leur chiffre d'affaires, surtout quand ils vendaient des téléphones ou de la nourriture discount. J'ai vu dans un reportage, sur un marché devenu désert, une brave dame, cabas sous le bras, dire sur un ton catégorique : « On est quand même beaucoup plus en sécurité depuis qu'ils sont partis… (et puis, prise d'un doute) bien que je n'aie jamais été embêtée. » Mais on dit que…

Mokhtar est moins révolté que moi par tout ça, il veut que cela reste derrière lui. Ce n'est pas un homme rancunier, mais un homme qui espère, tourné vers l'avenir.

En décembre, alors qu'on rentrait ensemble d'une promenade à Birmingham, on a trouvé une enveloppe des services de l'immigration libellée à son nom. Il l'a tâtée, tout fébrile. Mais, aussitôt, sa joie est retombée. Dedans, il n'y avait apparemment aucune carte, rien de rigide. Il a grimacé. C'était sans aucun doute négatif. Il a ouvert le courrier, il l'a lu et les larmes se sont mises à couler sur ses joues. La lettre annonçait : « Vous trouverez ci-joint votre carte de réfugié valant permis de travailler. » Ils avaient simplement oublié de la joindre ! Il l'a récupérée plus tard. Il n'a pas trop affiché sa joie devant les autres parce que Shapour, qui habite avec lui, n'a pas obtenu ses papiers après la troisième interview, la dernière… Le petit Khandan, en revanche, a eu les siens trois jours après. Dara, lui, est plongé dans une dépression qui l'a poussé à faire une tentative de suicide dont il a réchappé par miracle : à la troisième interview, celle de la dernière chance, il s'est vu refuser le statut de réfugié. Il ne sait pas ce qui l'attend, sinon le retour en Iran. L'histoire des migrations n'est pas un conte de fées.

La carte dont Mokhtar est si fier, le *Resident Permit – Refugee, leave to remain* (le permis de résider), assorti du *Work Permitted* (le permis de travailler cinq ans), oblige Mokhtar à travailler cinq années sur le territoire britannique. Il veut redevenir enseignant de perse, ou interprète. Nos métiers vont nous retenir chacun dans un pays, de part et d'autre de la Manche, mais notre bonheur, c'est que Mokhtar pourra venir nous voir à la maison, vivre en famille, comme « avant ».

« Et vous allez faire quoi après ? » nous demandent les gens. On n'en sait rien. Où on allait, on ne l'a jamais su. Avec Mokhtar, on refuse de ne pas vivre aujourd'hui sous prétexte qu'on ne sait pas de quoi demain sera fait. Pour moi, l'essentiel, c'est qu'il aille au bout de son rêve d'Angleterre et, après, on verra.

Lors des fêtes de fin d'année, je suis allée une semaine à Sheffield dans cette maison que le nouveau Mokhtar, celui qui a ses papiers, quitterait pour une autre destination peu de temps après. Ma fierté a été de réussir à réunir le 29 décembre toute l'équipée du bateau. Mokhtar, Dara et Khandan se disputaient régulièrement à distance, par messages interposés, mais je ne cessais de leur dire qu'ils étaient liés à vie, que rien ne devait les séparer. Ce qu'ils avaient partagé ensemble était trop fort. De fait, ils passaient leur temps à se réconcilier. Mokhtar et moi sommes allés prendre Khandan à Newcastle, à deux cents kilomètres, avant de se rendre chez Dara, à Doncaster, à encore deux cents kilomètres. Comme je m'y attendais, ils sont tombés dans les bras les uns des autres, fous de joie de se retrouver. J'ai immortalisé la scène. Je me sens un peu leur marraine ! Dans la soirée, nous sommes allés prendre un verre chez un gars très *british*, un roux aux yeux bleus portant des chemises Oxford, avec qui Dara avait sympathisé. Il a très vite lâché :

— Moi aussi, je suis un immigré, vous savez. Je suis aussi anglais que vous, à savoir polonais, j'ai parcouru tous les pays du monde…

Ce n'est qu'après que les garçons eurent raconté l'ensemble de leur épopée, y compris la traversée illégale, que l'un des garçons a eu l'idée de lui demander :

— Mais vous faites quoi, vous, au fait ?

Le gars a répondu sans se démonter :

— Je travaille aux services de l'immigration, pourquoi ? C'est très courageux, votre parcours !

Toujours croire en l'humanité.

— Et ce serait à refaire, est-ce que vous le referiez ? m'a demandé la procureur de la République pendant l'instruction.

— Sans hésitation.

— Ça ne vous empêche pas de dormir, ce que vous avez fait ?

— Non. Ce qui m'empêche de dormir, c'est vos poursuites judiciaires.

Elle n'a pas commenté.

Depuis que je connais Mokhtar, je suis plus heureuse. Bien sûr, dans notre amour, il y a une part de souffrance, d'attente et d'incertitude, mais ma vie a un sens. C'est beau de penser tout le temps à quelqu'un, surtout quand ce quelqu'un songe à vous de la même manière. Aujourd'hui, j'ai un but. Je me lève toujours tous les matins pour aller bosser, mais je sais pourquoi je me lève, pourquoi j'y vais. Pour vivre. Pour aimer.

Épilogue

Ce qu'il y a de formidable dans mon couple avec Mokhtar, c'est que nous sommes à l'abri de la routine ! Pas un mois ne se passe sans rebondissement ou tournant qui engage notre vie. Le plus important pour nous, c'est la demande de passeport qu'il a pu faire dans la foulée de son obtention de droit de résidence. Au bout du chemin, il y a son retour tant attendu à la maison, en juin, espérons-le. Fin février, il a quitté sa maison pour un foyer de Sheffield très inconfortable et excentré, avant d'obtenir un petit logement à lui, dont il paiera une part de loyer proportionnelle au salaire de son premier emploi sur le sol anglais. Il en rêve ! Mais d'ici là, il se plie à ses obligations de résident, dont le retour à l'école ! Chaque matin, Mokhtar va au collège suivre trois heures de cours d'anglais dans une classe d'adolescents britanniques ordinaires, comme le veut la procédure qu'ils ont adoptée outre-Manche pour intégrer les nouveaux arrivants. Quand il aura atteint le niveau exigé par le Job Center (l'équivalent de Pôle

Emploi), il pourra arrêter et se mettre à chercher du travail. En juillet, le migrant « bouche cousue » de la jungle aura enfin retrouvé la vie d'un homme ordinaire.

La destinée des deux coéquipiers de la traversée de la Manche illustre bien le meilleur et le pire que peut vivre un migrant. Le pire, c'est ce qui est arrivé à Dara, qui, parce qu'il avait été « dubliné » en Allemagne, n'a pas eu droit aux interviews. Il a dû aller pointer plusieurs mois durant au Home Center. Après son hospitalisation pour tentative de suicide, un jour de pointage ordinaire, on lui a signalé que son ordre d'expulsion avait été formalisé. À l'heure où j'écris, il a été placé en rétention. Depuis, nous recevons de lui des messages de désespoir, sans avoir de recours à lui proposer. En Allemagne, il ignore ce qui va lui arriver : rester dans ce pays qu'il n'a pas choisi ou, pire, être renvoyé dans celui qu'il a fui. Khandan, le petit jeune de l'équipée maritime, a une longueur d'avance sur Mokhtar : il a ses papiers, son logement, et un emploi dans un restaurant iranien. Un jeune heureux, qui peut démarrer une nouvelle vie d'autant plus facilement qu'il a la fraîcheur de ses vingt ans. Entre ces deux destins, il y a tous les autres qui sont dans le cas de Shapour, l'un des ex-colocataires de Mokhtar : recalé aux trois interviews, il vit dans la clandestinité et travaille au noir, avec la peur au ventre d'être contrôlé, arrêté et expulsé. Il dit vivre comme en prison. En liberté certes, mais trop en sursis pour être heureux.

Quant à moi, j'attends toujours la date de mon procès en correctionnelle, dans le courant de l'année c'est sûr, si ce n'est d'ici juin, avant la trêve estivale des tribunaux. J'ai reçu en février les vingt-trois pages de réquisition, où j'ai pu apprendre que ma mise sur écoute, maintenant terminée, n'avait pas permis de mettre en évidence que j'avais agi en réseau : le contraire m'aurait étonnée ! Jusqu'à présent, moi qui faisais confiance à la justice, je n'ai eu aucune raison de changer d'avis. L'enquête a eu le mérite de me permettre de lire, écrit noir sur blanc, la réalité des faits. Je n'en doutais pas… mais la confiance n'empêche pas la peur !

Une fois que tout cela sera derrière nous, Mokhtar et moi avons des rêves qui peuvent sembler modestes à la plupart des gens qui liront ce livre : vivre libres, déjà, sans glaive au-dessus de la tête, faire nos courses avec l'argent que l'on aura gagné tous les deux grâce à notre travail, dormir sous un toit avec le nom de Mokhtar sur la boîte à lettres ou nous parler sous un arbre un jour d'été dans ma maison du Pas-de-Calais. On oublie trop souvent que le bonheur le plus simple est parfois le résultat d'un véritable parcours du combattant. Il n'est pas « donné » à tout le monde : parfois, il se mérite ! Nous nous sommes promis de ne jamais l'oublier.

REMERCIEMENTS

Je remercie la providence pour avoir mis Mokhtar sur ma route, lui qui m'a donné à nouveau l'envie d'aimer, d'être aimée, de m'aimer ; ma mère, pour sa compréhension et sa tolérance ; mon fils, dont l'humanité est ma fierté et ma réussite ; mon éditeur, Philippe Robinet, qui m'a fait confiance, ainsi que l'équipe de Kero pour leur accompagnement.

Mention spéciale à une femme exceptionnelle, Catherine Siguret, qui m'a « repérée » et a su mettre sa plume au service de mes pensées et de mon cœur pour raconter mon histoire.

PAPIER À BASE DE FIBRES CERTIFIÉES

Le Livre de Poche s'engage pour l'environnement en réduisant l'empreinte carbone de ses livres. Celle de cet exemplaire est de :
300 g éq. CO_2
Rendez-vous sur www.livredepoche-durable.fr

Composition réalisée par PCA

Achevé d'imprimer en avril 2021 en Italie par
Grafica Veneta
Dépôt légal 1re publication : septembre 2018
Édition 02 – avril 2021
LIBRAIRIE GÉNÉRALE FRANÇAISE
21, rue du Montparnasse – 75298 Paris Cedex 06

73/5587/4